〔元〕脱脱　等撰
陳述　補注

遼史補注

第八册
卷六三至卷七〇（表）

中華書局

遼史補注卷六十三

表第一

世表

天開於子，地闢於丑，人生於寅。〔一〕天地人之初，一焉耳矣。天動也，有恒度；地静也，有恒形；人動静無方，居止靡常。天主流行，地主蓄泄，二氣無往而弗達，亦惟人之所在而畀付焉。

庖犧氏降，炎帝氏、黄帝氏子孫衆多，王畿之封建有限，王政之布濩無窮，故君四方者，多二帝子孫，而自服土中者本同出也。考之宇文周之書，遼本炎帝之後，而耶律儼稱遼爲軒轅後。〔二〕儼志晚出，盍從周書。〔三〕蓋炎帝之裔曰葛烏菟者，世雄朔陲，後爲冒頓可汗所襲，保鮮卑山以居，號鮮卑氏。既而慕容燕破之，析其部曰宇文，曰庫莫奚，曰契丹。契丹之名，昉見于此。

隋、唐之際，契丹之君號大賀氏。武后遣將擊潰其衆，大賀氏微，别部長過折〔四〕代之。

過折尋滅，迭剌部長涅里立迪輦組里爲阻午可汗，更號遥輦氏。唐賜國姓，曰李懷秀。既而懷秀叛唐，更封楷落爲王。而涅里之後曰耨里思者，左右懷秀。楷落至于屈戍幾百年，國勢復振。

至耨里思之孫曰阿保機，〔五〕功業勃興，號世里氏，是爲遼太祖。於是世里氏與大賀、遥輦號「三耶律」。自時厥後，國日益大。起唐季，涉五代、宋二百餘年。

名隨代遷，字傳音轉，此其言語文字之相通，可考而知者也。其所不可知者，有若奇首可汗、胡剌可汗、蘇可汗、昭古可汗，皆遼之先，而世次不可考矣。摭其可知者，作遼世表。

〔一〕索隱卷七：「皇極經世書：『一會三十運爲三百六十世。首會子而天開，次會丑而地闢，又次會寅而人始生。周十二會至亥，終一元而天地混矣。』古緯書説異。廣雅釋天：『太初生於酉仲，太始生於戌仲，太素生於亥仲，三氣相接，至於子仲，剖判分離。清輕者上爲天，重濁者下爲地。中和爲萬物。』」按近世科學發達，對於天地人之關係，已知解，非如古緯書所釋之説。著此用見史文所源。

〔二〕索隱卷七：「耶律儼本魏書，言魏之先出自黄帝子昌意，昌意少子受封北國。」

魏書卷一序紀：「昔黄帝有子二十五人，或内列諸華，或外分荒服，昌意少子，受封北土，國有大鮮卑山，因以爲號。其后世爲君長，統幽都之北，廣漠之野。畜牧遷徙，射獵爲業，淳樸爲俗，簡易爲化。不爲文字，刻木紀契而已。世事遠近，人相傳授，如史官之記録焉。黄帝以土德王，北俗謂土爲托，謂后爲跋，故以爲氏。積六十七世，至成皇帝諱毛立，聰明武畧，遠近所推，統國三十六，大姓九十九，威振北方。」

〔三〕周書卷一文帝紀：「太祖文皇帝，姓宇文氏，諱泰，字黑獺，代武川人也。其先出自炎帝神農氏，爲黃帝所滅，子孫遯居朔野。有葛烏菟者，雄武多算略，鮮卑慕之，奉以爲主，遂總十二部落，世爲大人。其俗謂天曰宇，謂君曰文，因號宇文國，并以爲氏焉。」新唐書卷七一下：宰相世系表：「宇文氏出自匈奴南單于之裔，俗謂天子爲宇文，因號宇文氏。或云神農氏爲黃帝所滅，子孫遁居北方，鮮卑俗呼草爲俟汾，以神農有嘗草之功，因自號俟汾氏，其後音訛，遂爲宇文氏。」

〔四〕過折，張九齡曲江集卷八作鬱捷，卷九、卷十一作過折。通鑑卷二一四考異云：舊契丹傳作遇折。

〔五〕孫，據本史卷二太祖紀贊及下文「太祖四代祖耨里思」，應是玄孫。

帝統	契丹先世。
漢	冒頓可汗以兵襲東胡，滅之，〔一〕餘衆保鮮卑山，因號鮮卑。〔二〕

魏	青龍中，部長比能稍桀驁，爲幽州刺史王雄所害，散徙潢水之南，黃龍之北。〔三〕
晉	鮮卑葛烏菟之後曰普回。普回有子莫那，〔四〕自陰山南徙，始居遼西。九世爲慕容晃所滅，〔五〕鮮卑衆散爲宇文氏，或爲庫莫奚，或爲契丹。

〔一〕此欄史文，據新唐書卷二一九契丹傳：「契丹本東胡種，其先爲匈奴所破，保鮮卑山。」匈奴君主稱單于不稱可汗。史記卷一一〇匈奴傳：「冒頓既立，是時東胡彊盛，聞冒頓殺父自立，乃使使謂冒頓，欲得頭曼時有千里馬。冒頓問羣臣，羣臣皆曰：『千里馬，匈奴寶馬也。勿與。』冒頓曰：『奈何與人鄰國而愛一馬乎？』遂與之千里馬。居頃之，東胡以爲冒頓畏之，乃使使謂冒頓，欲得單于一閼氏，冒頓復問左右，左右皆怒曰：『東胡無道，乃求閼氏！請擊之。』冒頓曰：『奈何與人鄰國愛一女子乎？』遂取所愛閼氏予東胡。東胡王愈益驕，西侵，與匈奴間，中有棄地，莫居，千餘里，各居其邊爲甌脱。（正義：「按境上斥候之室爲甌脱也。」）東胡使使謂冒頓曰：『匈奴所與我界甌脱外棄地，匈奴非能至也，吾欲有之。』冒頓問羣臣，羣臣或曰：『此棄地，予之亦可，勿與亦可。』於是冒頓大怒曰：『地者，國之本也，奈何予之！』諸言予之者，皆斬之。冒頓上馬，令國中有後者斬，遂東襲擊東胡。東胡初輕冒頓，不爲備，及冒頓以兵至，擊，大破，

滅東胡王，而虜其民人及畜産。」

〔二〕索隱卷七：「案此本後漢書。（清）一統志：科爾沁右翼西三十里鮮卑山，土人呼蒙格。又察哈爾旗北二十五里大鮮卑山，名伊克阿勒特，旗西北四十五里小鮮卑山，名巴哈阿勒特。又云：鮮卑山當去喀喇沁右翼旗不遠，此皆在漠南者。或曰大鮮卑山在俄國伊爾古斯克省北通古斯河南。西人稱悉比利亞人爲通古斯種，悉比即鮮卑轉音。漢章謂鮮卑已見國語，其國非始於後漢，諸史皆失考。又史記索隱引應奉漢事又以爲秦築長城，徒役之士亡出塞外，依鮮卑山，因以爲號，亦未得其朔也。」據蒙古遊牧記卷一：「旗西北有鮮卑山，土人名蒙格。」此山即今科右中旗西爾根蘇木大罕山。

〔三〕本欄史文，亦取自新唐書卷二一九契丹傳。

三國志卷二魏書魏文帝紀：「黄初六年三月，并州刺史梁習討鮮卑軻比能，大破之。」又卷三魏書明帝紀：「太和五年夏四月，鮮卑附義王軻比能率其種人及丁零大人兒禪詣幽州貢名馬。青龍元年六月，保塞鮮卑大人步度根與叛鮮卑大人軻比能私通，并州刺史畢軌表，輒出軍以外威比能，内鎮步度根。帝省表曰：『步度根以爲比能所誘，有自疑心。今軌出軍，適使二部驚合爲一，何所威鎮乎？』促敕軌，以出軍者，慎勿越塞過句注也。比詔書到，軌以進軍屯陰館，遣將軍蘇尚、董弼追鮮卑。比能遣子將千餘騎迎步度根部落，與尚、弼相遇，戰於樓煩，二將〔敗〕没，步度根部落皆叛出塞，與比能合寇邊。遣驍騎將軍秦朗將中軍討之，虜乃走漠北。」

又卷三〇魏書烏丸鮮卑東夷傳序云：「後鮮卑大人軻比能復制御羣狄，盡收匈奴故地，自雲中、五原以東抵遼水，皆爲鮮卑庭。數犯塞寇邊，幽、并苦之。田豫有馬城之圍，畢軌有陘北之敗。青龍中，帝乃聽王雄遣劍客刺之，然後種落離散，互相侵伐，彊者遠遁，弱者請服，由是邊陲差安。」

晉書卷一〇八載記第八慕容廆載記：「慕容廆，字奕洛瓌，昌黎棘城鮮卑人也。其先有熊氏之苗裔，世居北夷，邑於紫蒙之野，號曰東胡。其後與匈奴並盛，控弦之士，二十餘萬。風俗官號，與匈奴畧同。秦、漢之際，爲匈奴所敗，分保鮮卑山，因以爲號。」

元朝秘史卷一二：「自失必兒等種以南。」李文田注：「失必即鮮卑之對音也。北史曰：『魏之先，出自黄帝軒轅氏，子曰昌意，昌意之少子受封北國，有大鮮卑山，因以爲號。』朔方備乘曰：『俄羅斯東土錫伯利部，本鮮卑舊壤，故有錫伯之名。今黑龍江境有錫伯一種，亦作席伯，亦作席北，既非索倫，亦非蒙古，即鮮卑遺民也。』文田案元史朮赤傳曰：『朮赤，太祖長子也。國初以親王分封西北，地極遠，去京師數萬里，驛騎急行二百餘日方達京師。』所云西北二字，即失必兒之對音。柳邊紀畧所稱席百一作席北、又作西北，亦指鮮卑遺族稱西北二字之證。元史亦有直稱失必兒者，玉哇失傳曰：『玉哇失，阿速人，與海都將戰於亦必兒失必兒之地。』此錫伯利之見元史者也。」

新五代史卷七二四夷附録：「（契丹）其居曰梟羅箇没里，没里者河也。是謂黄水之南，黄龍之北，得鮮卑之故地，故又以爲鮮卑之遺種。」遼東志畧：「契丹，東胡種，居西樓，在潢水南、黃龍北，得鮮卑故地，或以爲鮮卑遺種。至元魏時自號契丹，五代末稱太陽契丹。」

〔四〕周書卷一文帝紀：「太祖文皇帝姓宇文氏，其先出自炎帝神農氏，有葛烏菟者，世爲大人，其後曰普回，因狩得玉璽三紐，有文曰皇帝璽，普回心異之，以爲天授。普回子莫郍（郍，那字別寫），自陰山南徙，始居遼西，是曰獻侯，爲魏舅甥之國。」莫郍，新唐書卷七一下宰相世系表及本史均作莫那。

〔五〕晃，周書卷四九庫莫奚傳同。晉書卷一〇九慕容皝載記作皝。

元魏〔一〕
契丹國在庫莫奚東，異族同類，東部鮮卑之別支也，至是始自號契丹，爲慕容氏所破，俱竄松漠之間。道武帝登國間，大破之，〔二〕遂與庫莫奚分背。經數十年，稍滋蔓，有部落於和龍之北數百里。太武帝太平真君以來，歲致名馬。獻文時，使莫弗紇何辰來獻，始班諸國末，欣服。〔三〕萬丹部、何大何部、伏弗郁部、羽陵部、日連部、匹絜部、黎部、吐六于部〔四〕以名馬文皮來貢，得交市于和龍、密雲之間。太和三年，高句麗與蠕蠕謀取地豆于以分之，契丹懼，莫弗賀勿于率其部落車三千乘、衆萬餘口内附，止於白狼水〔五〕東。

北齊〔六〕

天保四年九月，契丹犯塞，文宣帝親討之，至平州，乃趨長塹。〔七〕司徒潘相樂率精騎五千，自東道趨青山；〔八〕安德王韓軌帥騎四千東斷走路。帝親踰山嶺奮擊，虜男女十餘萬，雜畜數十萬。相樂又於青山大破別部，所虜生口分置諸州。復爲突厥所逼，又以萬家寄處高麗境内。

隋〔九〕

開皇四年，率諸莫弗賀來謁。〔一〇〕五年，悉衆款塞，高祖納之，聽居故地。〔一一〕六年，諸部相攻不止，又與突厥相侵，高祖使使諭解之。別部出伏等違高麗，率衆内附，置於渴奚那頡之北。〔一二〕開皇末，別部四千餘户違突厥來降，高祖給糧遣還；固辭不去，部落漸衆。〔一三〕遂北徙，逐水草，當遼西正北二百里，依紇臣水而居。〔一四〕東西亘五百里，南北三百里，分爲十部，兵多者三千，少者千餘。有征伐，酋帥相與議之，興兵則合符契。突厥沙鉢畧可汗遣吐屯潘垤統之，契丹殺吐屯。大業七年，貢方物。〔一五〕

〔一〕按此欄源於魏書卷一〇〇契丹傳。傳云：「契丹國在庫莫奚東，異種同類，並爲慕容晃所破（以上七字據北史卷九四契丹傳增），俱竄於松漠之間，登國中，國軍大破之，遂逃迸，與庫莫奚分背（背，北史作往），經數十年，稍滋蔓，有部落於和龍之北數百里，多爲寇盜。真君以來求朝獻，歲貢名馬。顯祖時，使莫弗紇何辰奉獻，得班饗於諸國之末，歸而相謂言國家之美，心皆忻慕。於是東北羣狄聞之，莫不思服。悉萬丹部、何大何部、伏弗郁部、羽陵部、日連部、匹絜部、黎部、吐六于部等，各以其名馬文皮入獻天府，遂求爲常。皆得交市於和龍、密雲之間，貢獻不絕。太和三年（四七九），高句麗竊與蠕蠕謀，欲取地豆于分之，契丹懼其侵軼，其莫弗賀勿于率其部落車三千乘、衆萬餘口，驅徙雜畜，求入內附，止於白狼水東。自此歲常朝貢。後告饑，高祖矜之，聽其入關市糴。及世宗、肅宗時，恒遣使貢方物。熙平中，契丹使人祖真（祖真，北史作初真）等三十人還，靈太后以其俗嫁娶之際，以青氈爲上服，人給青氈兩匹，賞其誠款之心。餘依舊式。朝貢至齊受禪常不絕。」按「寇盜」爲具有經濟目的之掠奪，「歲致名馬」亦含貢賦、交換兩重意義。

隋書卷八四契丹傳：「其俗頗與靺鞨同，好爲寇盜。父母死而悲哭者以爲不壯，但以其屍置於山樹之上，經三年之後，乃收其骨而焚之。因酹而祝曰：『冬月時，向陽食；夏月時，向陰食。（以上六字原闕，據通典、新五代史、契丹國志、通考補。）若我射獵時，使我多得猪鹿。』其無禮頑嚚，於諸夷最甚。」（通典、北史、新、舊唐書、新五代史契丹傳、契丹國志、通考並同。）

〔二〕魏書卷二太祖紀：「登國三年（三八八）五月癸亥，北征庫莫奚。六月，大破之，獲其四部雜畜十餘萬，渡弱洛水，班賞將士各有差。秋七月庚申，庫莫部帥鳩集遺散，夜犯行宫，縱騎撲討，盡殺之。」

又卷一〇〇庫莫奚傳：「登國三年，太祖親自出討，至弱洛水南，大破之，獲其四部落馬牛羊豕十餘萬，帝曰：『此羣狄諸種不識德義，互相侵盜，有犯王略，故往討之，且鼠竊狗盜，何足爲患！今中州大亂，吾先平之，然後張其威懷，則無所不服矣。』既而車駕南還雲中，懷服燕、趙。十數年間，諸種與庫莫奚亦皆滋盛。及開遼海，置戍和龍，諸夷震懼，各獻方物。」

〔三〕欣服二字，語義不完。下連萬丹部又作悉萬丹，是否欣即悉、服字衍或欣服爲悉字對音。

〔四〕萬丹部，本史卷三二營衛志中及魏書卷一〇〇契丹傳並作悉萬丹部。日連部，連原誤「速」，據本史卷三二營衛志中及魏書卷一〇〇、新唐書卷二一九契丹傳改。伏弗，又作具伏弗，羽陵應作郁羽陵，匹絜、黎應是匹黎爾或匹黎一部，另有羽真侯部，即莫弗紇何辰之部。

魏書卷六顯祖紀：「皇興元年二月，高麗、庫莫奚、具伏弗、郁羽陵、日連、匹黎爾、于闐諸國，各遣使朝貢。」又卷一〇〇勿吉傳云：「其傍有具弗伏國、匹黎尒國、拔大何國、郁羽陵國、庫伏真國、魯婁國。」

〔五〕水經注卷一四：「白狼水，水出右北平白狼縣東南，東北逕龍山西，又東南流，至房縣注於遼。」徐堅初學記卷八：「狼河，附黄龍城東北下。」即白狼水。

唐會要卷九五：「（貞觀）二十一年，李勣復大破高麗於南蘇，班師至頗利城，渡白狼、黃巖二水，皆由膝已下，勣怪二水淺狹，問契丹遼源所在，云：『此二水更行數里即合，南流即稱遼水，更無遼源可得也。』」

魏書卷三二封軌傳：「先是，契丹虜掠邊民六十餘口，又爲高麗擁掠東歸。」隋韓暨墓誌（見北方文物一九八六年一期）：「父詳，平州司馬諮議參軍。孝昌失馭，高麗爲寇，被擁遼東，欽名仰德，禮異恒品，未履平壤之郊，遽拜大奢之職。辭之以疾，竟無屈矣。率領同類五百餘户歸朝奉國，誠節可嘉，爵以酬功，授龍城縣令。」大奢，高麗官名。

册府元龜卷九六九：「太延三年（四三七）二月，高麗契丹各遣使朝獻。」北史卷二魏本紀：「是歲（太延三年），契丹等國各遣使朝貢。」

北史卷二魏本紀興安二年（四五三），卷三魏本紀延興三年（四七三），四年（四七四），五年（四七五），承明元年（四七六），太和元年（四七七），三年（四七九），十六年（四九二），十七年（四九三），卷四魏本紀正光五年（五二四），卷五魏本紀永熙元年（五三二），三年（五三四），天平二年（五三五），武定八年（五五〇）契丹均曾遣使朝貢。

〔六〕按此欄源於北史卷九四契丹傳。「犯塞」「討之」，並仍原文。

北齊書卷四一綦連猛傳：「天保元年（五五〇），從顯祖討契丹，大獲户口。」皮景和傳：「天保初，從襲庫莫奚，加左右大都督。又從度黃龍，征契丹，定稽胡。」

北史卷五三皮景和傳：「天保初，授通州刺史……從襲庫莫奚，度黄龍，征契丹，定稽胡，討蠕蠕，每有戰功。」

北齊書卷二八元斌傳：「天保二年（五五一），從文宣討契丹還，至白狼河，以罪賜死。」（北史卷一九高陽王雍子斌傳同）。卷四一元景安傳：「天保三年，從破庫莫奚於代川。四年，從討契丹於黄龍。」卷四文宣紀：「天保三年（五五二）二月辛丑，契丹遣使朝貢（北史卷七同）。四年（五五三）二月，送茹茹主鐵伐父登注及子庫提還北。鐵伐尋爲契丹所殺，國人復立登注爲主，仍爲其大人阿富提等所殺，國人復立庫提爲主（北史卷七同）。九月，契丹犯塞。壬午，帝北巡冀、定、幽、安，仍北討契丹（北史卷七同）。冬十月丁酉，帝至平州，遂從西道趣長塹。詔司徒潘相樂率精騎五千，自東道趣青山。辛丑，至白狼城。壬寅，經昌黎城。復詔安德王韓軌率精騎四千東趣，斷契丹走路。癸卯，至陽師水，倍道兼行，掩襲契丹。甲辰，帝親踰山嶺，爲士卒先，指麾奮擊，大破之。虜獲十萬餘口、雜畜數十萬頭。樂又於青山大破契丹别部，所虜生口皆分置諸州。五年（五五四）五月丁亥，地豆干、契丹等國並遣使朝貢。七年（五五六）九月甲辰，庫莫奚遣使朝貢。冬十月丙戌，契丹遣使朝貢。八年（五五七）秋八月己巳，庫莫奚遣使朝貢。」

北史卷九二高阿那肱傳：「天保四年（五五四），從破契丹及蠕蠕，以蹻捷見知。」

北齊書卷六孝昭紀：「皇建元年（五六〇）十一月，帝親戎北討庫莫奚，出長城，虜奔遯，分兵致討，大獲牛馬，括總入晉陽宮。」卷七武成紀：「河清二年（五六三），室韋、庫莫奚、靺鞨、契丹並遣使朝貢。」卷八後主紀：「天統元年（五六五），高麗、契丹、靺鞨並遣使朝貢。四年（五六八）契丹、靺鞨國並遣使朝貢。」

〔七〕塹原誤「漸」，據北齊書卷四文宣紀及北史卷九四契丹傳改。

〔八〕索隱卷七：「（清）一統志：『山在喀爾喀左翼西南百三十里，與奈曼東南接界。』」

〔九〕按此欄源於隋書卷八四契丹傳。

〔一〇〕隋書卷三七李崇傳：「開皇三年，除幽州總管。突厥犯塞，崇輒破之。奚、霫、契丹懾其威畧，爭來内附。」卷一高祖紀：「開皇四年（五八四）五月癸酉，契丹主莫賀弗遣使請降，拜大將軍。（北史卷一一、册府元龜卷九七七同。册府無「拜大將軍」四字。莫賀弗，北史契丹傳、通鑑、通志、册府同，惟魏書契丹傳作莫弗賀，本表沿魏書。）九月庚午，契丹内附。（北史卷一一同。）」韓暨墓誌（見北方文物一九八六年一期）：「開皇四年，總管陽洛公上表特奏君（韓暨）與北平總管府參軍事劉季畧往契丹國獎導諸部。未幾，敕授都督，宣揚皇化，夷狄傾心，屈膝稽顙，咸希朝賀。七年，領大將軍契丹國大莫弗入朝，在醴泉宫引客奉見，詔問東夷、北狄安撫之宜，招懷利害，對答天旨，文皇嘆尚，撫手咨嗟，又除陈都督，賜繒二百段。十年，以君久在外蕃，頻有勞績，特敕追入朝，授大都督，恩詔慰喻，朝野榮之。」

〔一一〕隋書卷一高祖紀：「開皇五年（五八五）四月甲午，契丹主多彌遣使貢方物。」（北史卷一一同，無

「主多彌」三字。）

册府元龜卷九七七：「開皇五年，契丹悉其衆款塞，帝納之。聽居其故地。」

〔一二〕册府元龜卷九九六：「隋開皇六年，契丹諸部相攻擊，久不止。又與突厥相侵，高祖使責讓之，其國遣使詣闕，頓顙謝罪。」又卷九七七云：「開皇六年，契丹别部出伏等背高麗，率衆内附，納之。安置於渴奚郝頡之北。」（隋書卷八四同，惟作渴奚那頡，本表同於隋書。）

隋書卷八一靺鞨傳：「其國西北與契丹相接，每相劫掠。後因其使來，高祖誡之曰：『我憐念契丹與爾無異，宜各守土境，豈不安樂？何爲輒相攻擊，甚乖我意。』使者謝罪，高祖因厚勞之。」（北史卷八二勿吉傳畧同。）

北史卷一一：「（隋）開皇十年，是歲，契丹遣使朝貢。」

册府元龜卷九七〇「開皇十二年正月，突厥、高麗、契丹並遣使獻方物。十三年正月，契丹、奚、霫、室韋，七月，靺鞨並遣使貢方物。」（隋書、北史同）

〔一三〕册府元龜卷九七七：「開皇十九年（五九九）四月，是時契丹别部四千餘家，背突厥來降，帝方與突厥和好，重失遠人之心，悉令給糧還本部，（部字原闕，隋書卷八四契丹傳亦闕，據北史卷九四契丹傳補。）勑突厥撫納之。固辭不去。」

隋書卷二高祖紀：「開皇二十年正月辛酉朔，契丹遣使貢方物。」（北史卷一一作「遣使朝貢」。）

〔一四〕按隋書卷八四、北史卷九四契丹傳作託紇臣水。

〔一五〕舊唐書卷七五韋雲起傳："韋雲起，雍州萬年人。會契丹入抄營州，詔雲起護突厥兵往討契丹部落。啓民可汗發騎二萬，受其處分。雲起分爲二十營，四道俱引。營相去各一里，不得交雜。聞鼓聲而行，聞角聲而止。自非公使，勿得走馬。三令五申之後，擊鼓而發。軍中有犯紡者，斬紇干一人，持首以徇。於是突厥將帥來入謁之，皆膝行股戰，莫敢仰視。契丹本事突厥，情無猜忌，雲起既入其界，使突厥詐云向柳城郡，欲共高麗交易，勿言營中有隋使，敢漏泄者斬之。契丹不備，去賊營百里，詐引南度，夜復退還，去營五十里，結陣而宿，契丹弗之知也。既明，俱發，馳騎襲之，盡獲其男女四萬口。女子及畜産，以半賜突厥，餘將入朝，男子皆殺之。煬帝大喜，集百官曰：『雲起用突厥而平契丹，行師奇譎，才兼文武，又立朝謇諤，朕今親自舉之。』擢爲治書御史。"（新唐書卷一〇三韋雲起傳、通鑑隋大業元年並畧同。）

北史卷九四契丹傳："大業七年，遣使朝貢方物。"

北史卷一二隋紀："大業十一年（六一五）正月，契丹遣使朝貢。"

北史卷二二長孫晟傳："授晟車騎將軍，出黄龍道，齎幣賜奚、霫、契丹等，遣爲鄉導，得至處羅侯所，深布心腹，誘令内附。"

〔一〕唐

契丹地直京師東北五千里而贏，東距高麗，西奚，南營州，北靺鞨、室韋，阻冷陘山以自固。射獵居處無常。其君大賀氏有勝兵四萬，析八部，臣于突厥，以爲俟斤。〔二〕凡調發攻戰，則諸部畢會，獵則部得自行。與奚不平，每鬬不利，輒遁保鮮卑山。武德初，〔三〕大帥孫敖曹與靺鞨長突地稽俱來朝。二年，入犯平州境。六年，君長咄羅獻名馬、豐貂。〔四〕貞觀二年，摩會來降，突厥請以梁師都易契丹，太宗曰：「契丹、突厥不同類，師都唐編户，我將擒之，不可易降者。」〔五〕三年，摩會入朝，賜鼓纛，由是有常貢。帝伐高麗，悉發契丹、奚首領從軍。還過營州，以窟哥爲左武衛將軍。大帥辱紇主據曲率衆來歸，〔六〕即其部爲玄州，以據曲爲刺史，隸營州都督府。窟哥舉部内屬，乃置松漠都督府，以窟哥爲都督，封無極男，賜姓李氏。〔七〕以達稽部爲峭落州，紇便部爲彈汗州，獨活部爲無逢州，芬問部爲羽陵州，突便部爲日連州，芮奚部爲徒河州，墜斤部爲萬丹州，伏部爲匹黎、赤山二州，俱隸松漠府，以辱紇主爲刺史。窟哥死，與奚叛，行軍總管阿史德樞賓執松漠都督阿不固，〔八〕獻于東都。〔九〕窟哥二孫：曰枯莫離，彈汗州刺史、歸順郡王；曰盡忠，松漠都督。敖曹曾孫曰萬榮，〔一〇〕歸誠州刺史。時營州都督趙文翽〔一一〕數侵侮其下，盡忠等怨望，與萬榮共舉兵，殺文翽，據營州，自號「無上可汗」，推萬榮爲帥。不二旬，衆數萬，攻崇州，執擊討副使〔一二〕許欽寂。武后怒，詔將軍曹仁師等二十八將擊之，更號萬榮曰「萬斬」，盡忠曰「盡滅」。戰西硤石黄獐谷，〔一三〕王師敗績。進攻平州，不克。武后益發兵擊契丹。萬榮夜襲檀州，清邊道副總管張九節拒戰，萬榮敗走。俄盡忠死，突厥默啜襲破其部，萬榮收散兵，復振。别將駱務整、何阿小入冀州，殺刺史陸寶積，掠數千人。武后聞盡忠死，詔夏官尚書王孝傑等率兵十七萬討萬榮，戰東硤石，敗績，孝傑死之，萬榮進屠幽州。又詔御史大夫婁師德等率兵二十萬擊之，萬榮乘鋭，鼓行而南，殘瀛州屬縣。神兵道總管楊玄基率奚兵掩擊，〔一四〕大破萬榮，執何阿小，别將李楷固、駱務整降。萬榮委軍走，玄基與奚四面合擊，萬榮衆潰，東走。張九節設三伏待之。萬榮窮蹙，與家奴輕騎走潞河東，憊甚，卧林下。奴斬其首以獻，九節傳東都。契丹餘衆不能立，遂附突厥。〔一五〕開元二年，盡忠從父弟失活率部落歸唐。〔一六〕

〔一〕按此欄源於新唐書卷二一九契丹傳原文。仍沿「來朝」「入犯」口氣。

〔二〕俟斤，新唐書卷二一五上突厥傳，突厥世官官名。

〔三〕初，原作中，據下文二年及舊唐書卷一九九下契丹傳改。

舊唐書卷一九九下契丹傳：「武德初，數抄邊境。二年入寇平州。又契丹有别部酋帥孫敖曹，初仕隋爲金紫光禄大夫。武德四年，與靺鞨酋長突地稽俱遣使内附，詔令於營州城旁安置，授雲麾將軍行遼州總管。」册府元龜卷九七七、唐會要卷九六並記契丹别部酋帥孫敖曹内附事。册府元龜卷一七〇引唐高祖武德二年詔，有：「契丹、靺鞨，咸求内附。」即指孫敖曹而言。舊唐書卷三九地理志：「威州，武德二年置遼州總管，自燕支城徙寄治營州城内，七年，廢總管府，貞觀元年改爲威州，隸幽州大都督。所領户，契丹内稽部落，舊領縣一，户七百二十九，口四千二百二十二。天寶，户六百一十一，口一千八百六十九。兩京道里，與涿州同。」新唐書卷四三下地理志：「威州本遼州，武德二年以内稽部落置。初治燕支城，後僑治營州城中，貞觀元年更名，後治良鄉之石窟堡，縣一：威化。」

〔四〕册府元龜卷九七〇：「武德六年六月，契丹酋帥孫敖曹遣使朝貢。七年二月，契丹遣使朝貢。」新唐書卷二一九契丹傳：「後二年，君長乃遣使者上名馬豐貂。」孫敖曹内附之後二年，即武德六年。

〔五〕册府元龜卷九七七：「貞觀二年四月，契丹太賀摩會率其部來降。」太賀應是大賀。通鑑：「貞觀二年夏四月丙申，契丹酋長率其部落來降。頡利遣使請以梁師都易契丹，上謂使者曰：『契丹與突厥異類，今來歸附，何故索之！師都，中國之人，盜我土地，暴我百姓，突厥受而庇之，我興兵致討，輒來救之，彼如魚游釜中，何患不爲我有！借使不得，亦終不以降附之民易之也。』」梁師都，夏州朔方人。舊唐書、新唐書並有傳。

〔六〕辱紇主，原脱辱字，據新唐書卷二一九契丹傳、通鑑貞觀二十二年夏四月己未胡注：「奚、契丹酋領，皆稱爲辱紇主」補。據曲，應作曲據。

册府元龜卷一一七貞觀十八年十二月甲寅，太宗爲伐高麗詔，有云：「契丹番長於句折、奚蕃長蘇支、燕州刺史李玄正等，各率衆絶其走伏。」舊唐書卷三九地理志：「玄州，隋開皇初置，處契丹李去閭部落。萬歲通天二年，移於徐、宋州安置，神龍元年復舊，今隸幽州。」新唐書卷四三下地理志：「玄州，貞觀二十年以紇主曲據部落置，僑治范陽之魯泊村，縣一：静蕃。」通鑑：「貞觀二十二年夏四月己未，契丹辱紇主曲據率衆内附，以其地置玄州，以曲據爲刺史。」兩唐志疑有誤闕，於句折、李去閭、曲據應是一人，唐貞觀二十二年，以其部落置玄州。

〔七〕舊唐書卷三：「貞觀二十二年十一月庚子，契丹帥窟哥、奚帥可度者並率其部内屬，以契丹部落爲松漠都督，以奚部置饒樂都督。」又卷一九九下契丹傳云：「二十二年，窟哥等部咸請内屬，乃置松漠都督府，以窟哥爲左領軍將軍兼松漠都督府（府字衍），無極縣男，賜姓李氏。顯慶初，又拜窟哥爲左監門大將軍。」

册府元龜卷九五六：「契丹，古匈奴之種也。其君長姓大賀氏。唐貞觀二十二年蕃長窟哥率所部内屬，乃置松漠府，以窟哥爲都督，賜（姓）李氏。」新唐書卷四九下百官志都督注：「武德初，邊要之地，置總管以統軍，加號使持節。七年，改總管曰都督。總十州者曰大都督。貞觀二年去大字。」契丹八部九州，合松漠府十州。完全按唐朝統一編制。

通鑑：「永徽五年（六五四）十月，高麗遣其將安固將高麗、靺鞨兵擊契丹，松漠都督李窟哥禦之，大敗高麗於新城。」

册府元龜卷九八六：「顯慶三年（六五八）六月，營州都督兼東夷都護程名振、右領軍郎將薛仁貴率兵攻高麗之衆烽鎮（衆，通鑑作赤，是），即拔之，斬首四百餘級，生擒首領以下百餘人。俄而高麗遣其大將立方婁（通鑑立作豆，是）率兵三萬人來拒官軍，名振率契丹兵逆擊，大破之，逐北二十餘里，斬首二千五百級。」（通鑑畧同）考異云：「舊書仁貴傳云：『顯慶二年，副程名振經畧遼東，破高麗於貴端城，斬首三千級。』今從實録。」

〔八〕按新唐書卷二一九契丹傳作阿卜固，阿不、阿卜同於阿保，爲稱號。參本書卷一注。

舊唐書卷八三薛仁貴傳：「（仁貴）與辛文陵破契丹於黑山，擒契丹王阿卜固及諸首領。」（新唐書本傳畧同。）

新唐書卷三：「高宗乾封元年（六六六）六月壬寅，高麗泉男生請内附。」又卷一一〇諸夷蕃將泉男生傳：「泉男生字元德，高麗蓋蘇文子也。率其衆與契丹、靺鞨兵内附。」

三國史記卷六：「新羅文武王七年（六六七）冬十月二日，英公到平壤城北二百里，差遣尒同兮村主大奈麻江深率契丹騎兵八十餘人，歷阿珍含城至漢城，移書以督兵期，大王從之。」又卷七：「十三年（六七三）九月，王遣大阿飡徹川等領兵船一百艘，鎮西海，唐兵與靺鞨、契丹兵來侵北邊，凡九戰，我兵克之，斬首二千餘級。唐兵溺瓠瀘、王逢二河，死者不可勝計。冬，唐兵攻高句麗牛岑城，降之。契丹、靺鞨兵攻大楊城、童子城，滅之。十五年二月，聞唐兵與契丹、靺鞨兵來侵，出九軍待之。秋九月二十九日，李謹行率兵二十萬，屯買肖城，我軍擊走之，得戰馬三萬三百八十四，其餘兵仗稱是。唐兵與契丹、靺鞨兵來，圍七重城，不克，小守儒冬死之。」新、舊唐書，通鑑俱未言契丹兵參與此役，此戰先勝後敗，各史亦諱言敗績。

〔九〕册府元龜卷九八六：「顯慶五年五月，以定襄都督阿史德樞賓、左武侯將軍延陀梯真、居延州都督李合浦，並爲冷硎道行軍總管，各領本蕃兵以討叛奚，仍令尚書左丞崔餘慶充使，總護三蕃。尋而奚遣使降附，改樞賓爲沙磚道行軍總管，以討契丹松漠都督阿卜固，送之東都，并擒叛奚謀主匹帝禿帝，斬之而還。」通鑑：「顯慶五年五月戊辰，以定襄都督阿史德樞賓、左武侯將軍延陀梯真、居延州都督李合珠並爲冷岍道（胡注：「即冷陘山。奚與契丹依阻此山以自固，其地在潢水之南，黃龍之北。」）行軍總管，各將所部兵以討叛奚。奚尋遣使降，更以樞賓等爲沙磚道行軍總管，以討契丹，擒契丹松漠都督阿卜固，送東都。」

唐阿史那忠墓誌與阿史那忠神道碑（參見唐代墓誌彙編上元〇一四及考古一九七七年第二期

唐阿史那忠墓發掘簡報），並有高宗顯慶五年（六六〇）任長岑道行軍大總管，參加進擊契丹事。

〔一〇〕曾孫，舊唐書卷一九九下契丹傳同。新唐書卷二一九契丹傳作「有孫曰萬榮」。

〔一一〕趙文翽，新唐書卷二一九渤海傳，舊唐書卷一九九下契丹傳無「文」字，通鑑、册府並同此。

〔一二〕擊討，新唐書卷二一九契丹傳作討擊，舊唐書卷一九九下契丹傳無此文。

〔一三〕黄獐，新唐書、通鑑並作黄麞。

〔一四〕原作神兵總管楊立基，據新唐書卷二一九契丹傳改。

〔一五〕册府元龜卷九八六：「萬歲通天元年五月，營州城傍契丹首領松漠都督李盡忠與歸誠州刺史孫萬榮，殺都督趙文翽舉兵反，攻陷營州。命左鷹揚衛將軍曹仁師、右金吾衛大將軍張玄遇、左金吾衛大將軍李多祚、司農少卿麻仁節等二十八將討之。七月，命春官尚書梁王三思爲榆關道安撫大使、納言姚璹爲副，以備契丹。制契丹首領李盡忠名『盡滅』，孫萬榮名爲『萬斬』。八月，張玄遇、曹仁師、麻仁節等與契丹萬斬戰於西硤谷口，官軍敗績。玄遇、仁節並爲賊所虜。又令夏官尚書王孝傑、右羽林將軍蘇宏暉，領兵七萬以繼之。孝傑在陣陷没。宏暉棄甲宵遁，萬斬乘勝率其衆入幽州，屠城剽邑，殺掠人吏。清邊道大總管建安郡王武攸宜遣裨將討之，不能尅。萬斬俄又引兵南與官軍戰，東兵遁。總管楊玄基率輕騎角其前，奚人出兵以犄其後，表裏合擊之，萬斬大敗。獲其別帥何阿小及軍資器械不可勝數，萬斬僅以身免，又收合餘兵與奚戰，奚兵四面攻之，大潰，萬斬棄其衆，以輕騎數千人東走。張九節率數百騎，分爲三隊，設伏邀之，萬斬窮蹙，乃將家奴輕騎宵遁，至潞河東，困甚，憩於林下，解鞍，其奴因斬之。張九節傳其首於東都，懸之四方館門。」（新、舊唐書則天紀，通典畧同。）

舊唐書卷九三王孝傑傳：「萬歲通天（元）年，契丹李盡忠、孫萬榮反叛，復詔孝傑白衣起爲清邊道總管，統兵十八萬以討之。孝傑軍至東峽石谷，遇賊，道隘，虜甚衆，孝傑率精鋭之士爲先鋒，且戰且前，及出谷，布方陣以捍賊，後軍總管蘇宏暉畏賊衆，棄甲而遁。孝傑既無後繼，爲賊所乘，營中潰亂，孝傑墮谷而死，兵士爲賊所殺及奔踐而死殆盡。時張説爲節度管記，馳奏其事。則天問孝傑敗亡之狀，説曰：『孝傑忠勇敢死，乃誠奉國，深入寇境，以少禦衆，但爲後援不至，所以致敗。』於是追贈孝傑夏官尚書，封耿國公。遣使斬宏暉以徇，使未至幽州，而宏暉已立功贖罪，竟免誅。」

又卷一八三外戚傳云：「萬歲通天年中，契丹賊帥孫萬榮寇河北，命（武）懿宗爲大總管討之，軍次趙州，及聞賊將至冀州，懿宗懼，便欲棄軍而遁，人或謂曰：『賊衆極多，然其軍無輜重，以抄掠爲資，若按兵以守，勢必離散，因而擊之，可有大功也。』懿宗不聽，遂退據相州，時人嗤其怯懦，由是賊衆進屠趙州而去。尋又令懿宗安撫河北諸州。先是，百姓有脅從賊衆後得歸來者，懿宗以爲同反，總殺之。初萬榮别帥何阿小攻陷冀州，亦多屠害士女，至是時人號懿宗與阿小爲『兩何』，爲之語曰：『惟此兩何，殺人最多。』」

〔一六〕新唐書卷五：「睿宗先天元年（七一二）六月甲子，幽州都督孫佺、左武衛將軍李楷洛、左威衛將軍周以悌及奚（通鑑：奚酋李大酺）戰於冷陘山，敗績。」（通鑑：「十一月乙酉，奚、契丹二萬騎寇漁陽，幽州都督宋璟閉城不出，虜大掠而去。」）

新唐書卷五：「玄宗開元二年（七一四）正月甲申，并州節度大使薛訥同紫微黄門三品以伐契丹。七月庚子，薛訥及奚、契丹戰於灤河，敗績。」通鑑：「久視元年（七〇〇）六月，初，契丹將李楷固善用絹索及騎射、舞槊，每陷陣，如鶻入烏羣，所向披靡，黄麞之戰，張玄遇、麻仁節皆爲所絹，又有駱務整者，亦爲契丹將，屢敗唐兵。及孫萬榮死，二人皆來降。有司責其後至，奏請族之。狄仁傑曰：『楷固等並驍勇絶倫，能盡力於所事，必能盡力於我，若撫之以德，皆爲我用矣。』奏請赦之。所親皆止之，仁傑曰：『苟利於國，豈爲身謀！』太后用其言，赦之。又請與之官，太后以楷固爲左玉鈐衛將軍，務整爲右武威衛將軍，使將兵擊契丹餘黨，悉平之。秋七月，獻俘於含樞殿。太后以楷固爲左玉鈐衛大將軍、燕國公，賜姓武氏。召公卿合宴，舉觴屬仁傑曰：『公之功也。』將賞之。對曰：『此乃陛下威靈，將帥盡力，臣何功之有。』固辭不受。」

失活，玄宗賜丹書鐵券。開元四年，與奚長李大酺偕來，詔復置松漠府，以失活爲都督，封松漠郡王；仍置静析軍，以失活爲經畧大使，八部長皆爲刺史。五年，以楊氏爲永樂公主下嫁失活。〔一〕六年，卒。

娑固，失活之弟，帝以娑固襲爵。開元七年十一月，娑固與公主來朝。衙官可突于勇悍，得衆心，娑固欲除之；事泄，可突于攻之，娑固奔營州。都督許欽澹及奚君李大酺攻可突于，不勝，娑固、大酺皆死。韓愈作可突干，劉昫、宋祁及唐會要皆作可突于。〔二〕

鬱于，娑固從父弟也，可突于推以爲主，遣使謝罪，玄宗册立襲娑固位。〔三〕開元十年，鬱于入朝，以慕容氏爲燕郡公主下嫁鬱于，卒。〔四〕

咄于，〔五〕鬱于之弟，襲官爵。開元十三年，咄于復與可突于猜阻，與公主來奔，改封遼陽王。〔六〕

邵固，咄于之弟，〔七〕國人共立之。開元十三年冬，朝于行在，從封禪泰山，改封廣化郡王，以陳氏爲東光公主下嫁邵固。〔八〕十八年，爲可突于所弑，以其衆降突厥，東光公主走平盧。〔九〕

屈列，〔一〇〕不知其世系，可突于立之。開元二十二年六月，幽州節度使張守珪大破可突于。〔一一〕十二月，又破之，斬屈列及可突于等，傳首東都，餘衆散走山谷。

〔一〕册府元龜卷九六四：「開元四年八月，契丹李失活、奚李大酺各以所部來降。制曰：『混一六合，紀綱四海，開物所以包舉華夷，列爵所以範圍中外。契丹松漠州都督李失活、奚饒樂州都督李大酺等，竝材雄劍騎，家襲簪組，翻飛涿鹿之郊，高視無閭之地，往屬詿惑，遂爾攜離。海表爲虞，在苞桑之厚戒；梟征順命，乃連茹而同歸。柔懷有章，寵渥斯在。俾侯利建，宜膺胙土之榮；上將師貞，仍允齋壇之拜。失活可封松漠郡王食邑三千户，行左金吾衛大將軍。大酺可封饒樂郡王，食邑三千户，行右金吾衛大將軍。竝員外置，餘如故。』」新唐書卷二一九契丹傳：失活，静析軍經畧大使；可突于，静析軍副使。册府元龜卷九九二：「降書於契丹衙官静析軍副大使可突于。」舊唐書卷八：「開元五年十一月己亥，契丹首領松漠郡王李失活來朝，以宗女爲永樂公主以妻之。六年五月乙未，契丹松漠郡王李失活卒。」按舊唐書卷一九九下契丹傳：「開元三年，其首領李失活率種落内附。明年，失活入朝，封宗室外甥女楊氏爲永樂公主以妻之。」册府元龜卷九七九：「開元五年八月，詔曰：『故東平王外孫正議大夫、復州司馬楊元嗣第七女，譽叶才明，體光柔順。葭莩懿戚，敦睦有倫；舜華靡顔，德容竝茂。屬賢王慕義，亦以賜親；納女問名，兹焉迨吉。宜昇外館之寵，俾耀邊城之地。可封永樂，出降契丹松漠郡王李失活，婚之夜，遣諸親高品及兩蕃太守領觀花燭。』」（新唐書載在開元四年。）舊唐書卷一九四上突厥傳：

「小殺謂（唐使袁）振曰：『奚及契丹，舊是突厥之奴，亦尚唐家公主。』」即指此。

通典卷二〇〇：「開元五年十一月，封宗室女爲永樂公主，出降契丹松漠王李失活。」唐會要卷九六：「開元二年，李盡忠從父弟失活請歸款，復封失活爲松漠都督，授左金吾衛大將軍，仍於其府置靜析軍。五年十二月，以東平王外孫楊元嗣女爲永樂公主，出降，失活親迎之，夜，遣諸親高品及兩蕃大首領觀花燭。六年，失活卒，玄宗爲之舉哀，贈特進。」通鑑：「開元五年二月，奚、契丹既內附，貝州刺史宋慶禮建議，請復營州。三月庚戌，制復置營州都督於柳城，兼平盧軍使，管內州縣鎮戍皆如其舊；（胡注：武后萬歲通天元年營州陷。至是乃復。）以太子詹事姜師度爲營田、支度使，與慶禮等築之，三旬而畢。慶禮清勤嚴肅，開屯田八十餘所，招安流散，數年之間，倉廩充實，市里浸繁。」

〔二〕可突于，新、舊唐書契丹傳、舊唐書卷一九九下奚傳、新唐書卷一三六烏承玼傳、册府元龜卷九九二均同。王鳴盛十七史商榷、松井等契丹勃興史（滿鮮地理歷史研究報告第一）先及據新唐書卷八〇信安王禕傳及通鑑以爲應作可突干，田村實造唐代契丹族之研究（滿蒙史論叢第一册）作可突于。岑仲勉突厥集史上卷一〇據金石萃編卷九〇劉元尚墓誌作屈突于，證可突于爲可信。

〔三〕通鑑：「開元八年，契丹衙官可突干驍勇得衆心，李娑固猜畏欲去之。是歲，可突干舉兵擊娑固，娑固敗奔營州，營州都督許欽淡遣安東都護薛泰帥驍勇五百與奚王李大酺奉娑固以討之，戰敗，娑固、李大酺皆爲可突干所殺，生擒薛泰，營州震恐。許欽淡移軍入渝關，可突干立娑固從父弟鬱干爲主，遣使請罪。上赦可突干之罪，以鬱于爲松漠都督，以李大酺之弟魯蘇爲饒樂都督。」

〔四〕舊唐書卷一九九下契丹傳：「開元十年，鬱于入朝請婚，上又封從妹夫率更令慕容嘉賓女爲燕郡公主以妻之，仍封鬱于爲松漠郡王，授左金吾衛員外大將軍兼静析軍經畧大使，賜物千段。鬱于還蕃，可突于來朝，拜左羽林將軍，從幸并州。明年，鬱于病死。」冊府元龜卷九七九：「（開元）十年，契丹松漠郡王鬱于入朝請婚，封從妹夫率更令慕容嘉賓女燕郡主以妻之。明年，鬱于死，弟吐于代立，復以燕郡主妻之。是年奚饒樂郡王魯蘇入朝，仍以固安公主爲妻，而公主與嫡母不和，遞相論告，詔令離婚。復以成安公主之女韋氏爲東光公主以妻之。十二年三月，遣使齎絹錦八萬段分賜奚及契丹。詔曰：『公主出降蕃王，本擬安養，部請入朝謁，深慮勞煩，朕固割恩，抑而未許，因加殊惠，以慰遠心。奚有五部落，宜賜物三萬段先給征行遊奕兵及百姓，餘一萬段與東光公主、饒樂王衙官、刺史、縣令。契丹有八部落，宜賜物五萬段，其中取四萬段，先給征行遊奕兵士及百姓，餘一萬段，與燕郡公主、松漠王衙官、刺史、縣令，其物雜以絹布，務令均平，給訖奏聞。』」

〔五〕按新、舊唐書契丹傳及通考卷三四五並作吐于。通鑑開元十三年作契丹王李吐干。

〔六〕舊唐書卷一九九下契丹傳：「鬱于病死，弟吐于代統其衆，襲兄官爵，復以燕郡公主爲妻。吐于

與可突于復相猜阻。（開元）十三年，攜公主來奔，便不敢還，改封遼陽郡王，因留宿衛。」（新唐書卷二一九契丹傳、通鑑略同）

〔七〕新、舊唐書契丹傳作李盡忠之弟。

〔八〕新、舊唐書契丹傳作東華公主。

册府元龜卷九七九：「開元十三年，契丹立李盡忠弟邵固爲主。其冬，車駕東巡，邵固詣行在所，封皇從外甥女陳氏爲東華公主以妻之。十四年正月，改封契丹松漠郡王李邵固爲廣化王，奚饒樂郡王李魯蘇爲奉誠王，仍封宗室外甥女二人爲公主，各以妻之。制曰：『李邵固等輸忠保塞，乃誠奉國，屬外中於天，無遠而不屆，華裔靡隔，等數有加，宜錫休名，俾承慶澤。』」又卷九九六：「開元十五年，契丹遣首領諸括來送質子，並獻方物。」新唐書卷五玄宗紀：「開元十八年五月己酉，奚、契丹附於突厥。二十年正月乙卯，信安郡王禕爲河東、河北道行軍副元帥以伐奚、契丹。三月己巳，信安郡王禕及奚、契丹戰於薊州，敗之。五月戊申，忠王浚俘奚、契丹以獻。二十一年閏（三）月癸酉，幽州副總管郭英傑及契丹戰於都山，英傑死之。」

舊唐書卷一九九下契丹傳：「可突于立李盡忠弟邵固爲主。其冬，車駕東巡，邵固詣行在所，因從至岳下，拜左羽林軍員外大將軍、静析軍經略大使，改封廣化郡王。又封皇從外甥女陳氏爲東華公主以妻之。邵固還蕃，又遣可突于入朝，貢方物，中書侍郎李元紘不禮焉，可突于怏怏而去。左丞相張説謂人曰：『兩蕃必叛。可突于人面獸心，唯利是視。執其國政，人心附之，若不優禮縻之，必不來矣。』十八年，可突于殺邵固，率部落并脅奚衆，降於突厥，東華公主走投平盧軍。於是詔中書舍人裴寬、給事中薛侃等，於京城及關内、河東、河南、河北，分道募壯勇之士，以忠王浚爲河北道行軍元帥以討之，師竟不行。二十年，詔禮部尚書信安王禕爲行軍副大總管，領衆與幽州長史趙含章出塞擊破之，俘獲甚衆。可突于率其麾下遠遁，奚衆盡降，禕乃班師。明年（二十一年），可突于又來抄掠，幽州長史薛楚玉遣副將郭英傑、吴克勤、鄔知義、羅守忠率精騎萬人，并領降奚之衆追擊之，軍至渝關都山之下，可突于領突厥兵以拒官軍，奚衆遂持兩端，散走保險，官軍大敗。知義、守忠率麾下遁歸，英傑、克勤没於陣，其下六千餘人，盡爲賊所殺。」

〔九〕舊唐書卷八玄宗紀：「開元十八年五月，契丹衙官可突干（即可突于字訛）殺其主李召固，率部落降于突厥。奚部落亦隨西叛，奚王李魯蘇來奔，召固妻東華公主陳氏及魯蘇妻東光公主韋氏並奔投平盧軍，制幽州長史趙含章率兵討之。六月丙子，命單于大都護忠王浚爲河北道行軍元帥，御史大夫李朝隱、京兆尹裴伷先爲副，率十八總管以討契丹及奚等，事竟不行。二十年春正月乙卯，以禮部尚書信安王禕率兵討契丹。三月，信安王禕與幽州長史趙含章大破奚及契丹於幽州之北山。五月戊辰，信安王獻奚、契丹之俘，上御應天門受之。二十一年閏（三）月，幽州道副總管郭英傑等討契丹，爲所敗於都山之下，英傑死之。」又卷七六太宗子吴王恪附孫信安王禕傳：「（開元）十九年，契丹衙官可突干殺其王邵固，率部落降於突厥，玄宗遣忠王爲河北道行軍元帥，以討奚及契丹兩蕃，以禕爲副。王既不行，禕率户部侍郎裴耀卿等諸副將分道統兵，出於范陽之北，大破兩蕃之衆，擒其酋長，餘衆竄入山谷。軍還，禕以功加開府儀同三司、兼關内支度、營田等使，兼採訪處置使，仍與二子官，禕既有勳績，執政頗害其功，故其賞不厚，甚爲當時所歎。」

〔一〇〕新唐書卷二一九契丹傳作屈烈。舊唐書卷一〇三張守珪傳作屈剌。張九齡曲江集卷八敕契丹王據埒可突于等書稱：「契丹王據埒及衙官可突于，蜀活剌史鬱捷」。屈烈、屈剌、據埒即屈列。蜀活剌史鬱捷即乙室活部遇折。通鑑亦作遇折。

〔一一〕新、舊唐書契丹傳並作幽州長史張守珪。按當時張守珪官銜爲「幽州節度副大使、幽州長史兼御史大夫」，見曲江集卷九。舊唐書卷八玄宗紀：「開元二十二年十二月乙巳，幽州長史張守珪發兵討契丹，斬其王屈烈及其大臣可突干於陣，傳首東都。餘叛奚皆散走山谷。立其酋李過折爲契丹王。」又卷一〇三張守珪傳：「先是，契丹及奚連年爲邊患，契丹衙官可突于驍勇有謀略，頗爲夷人所服，趙含章、薛楚玉等前後爲幽州長史，竟不能拒。及守珪到官，頻出擊之，每歲皆捷。契丹首領屈剌與可突于恐懼，遣使詐降。守珪察知其僞，遣管右衛騎曹王悔詣其部落就謀之，悔至屈剌帳，賊徒初無降意，乃移其營帳漸向西北，密遣使引突厥，將殺悔以叛。會契丹別帥李過折與可突于爭權不叶，悔潛誘之，斬屈剌、可突于，盡誅其黨，率餘衆以降。守珪因出師次於紫蒙川，大閱軍實，讌賞將士，傳屈剌、可突于首於東都，梟於天津橋之南。詔封李過折爲北平王，使統其衆。尋爲可突于餘黨所殺。二十三年春，守珪詣東都獻捷，會籍田禮畢酺宴，便爲守珪飲至之禮，上賦詩以褒美之，廷拜守珪爲輔國大將軍、右羽林大將軍兼御史大夫，餘官並如故，仍賜雜綵一千匹及金銀器物等，與二子官，仍詔於幽州立碑以紀功賞。」

過折，〔一〕本契丹部長，爲松漠府衙官，斬可突于及屈列歸唐。幽州節度使張守珪立之，封北平郡王。是年，可突于餘黨泥禮弒過折，屠其家，一子剌乾走安東，拜左驍衛將軍。〔二〕自此，契丹中衰，大賀氏附庸於奚王，以通于唐，朝貢歲至。〔三〕至德、寶應間再至，〔四〕大曆中十三至，〔五〕貞元九年、十年、十一年三至，元和中七至，太和、開成間四至。〔六〕泥禮，耶律儼遼史書爲涅里，陳大任書爲雅里，蓋遼太祖之始祖也。〔七〕

李懷秀，唐賜姓名，契丹名迪輦俎里，〔八〕本八部大帥。天寶四年降唐，拜松漠都督。安祿山表請討契丹，懷秀發兵十萬，〔九〕與祿山戰潢水南，祿山大敗，自是與祿山兵連不解。〔一〇〕耶律儼紀云，太祖四代祖耨里思爲迭剌部夷離堇，遣將只里姑、括里，大敗范陽安祿山于潢水，適當懷秀之世。則懷秀固遥輦氏之首君，

爲阻午可汗明矣。〔一一〕

楷落，以唐封恭仁王，代松漠都督，遂稱契丹王。〔一二〕其後寖大，貞元四年，犯北邊，幽州以聞。〔一三〕自禄山反，河北割據，道隔不通，世次不可悉考。〔一四〕

契丹王屈戍，武宗會昌二年授雲麾將軍，是爲耶瀾可汗。〔一五〕幽州節度使張仲武奏契丹舊用回鶻印，乞賜聖造，詔以「奉國契丹」爲文。高麗古今録作屈戍。

契丹王習爾，〔一六〕是爲巴剌可汗。咸通中，再遣使貢獻，部落寖强。

契丹王欽德，習爾之族也，是爲痕德堇可汗。〔一七〕光啓中，鈔掠奚、室韋諸部，皆役服之，數與劉仁恭相攻。晚年政衰，八部大人，法常三歲代，迭剌部耶律阿保機建旗鼓，〔一八〕自爲一部，不肯受代，自號爲王，盡有契丹國，遥輦氏遂亡。

蕭韓家奴有言，先世遥輦可汗洼之後，國祚中絶，自夷離菫雅里立阻午可汗，大位始定。今以唐史、遼史參考，大賀氏絶于邵固，雅里所立則懷秀也，其間唯屈列、過折二世。屈列乃可突于所立，過折以别部長爲雅里所殺。唐史稱泥里爲可突于餘黨，則洼可汗者，殆爲屈列耶。

〔一〕按曲江集卷八作饝捷，卷九、卷一一作過折。通鑑卷二一四作遇折。遇、饝音同，應作遇。

〔二〕通鑑：「開元二十三年，是歲，契丹王過折爲其臣涅禮所殺，并其諸子，一子刺乾奔安東，得免。涅禮上言：『過折用刑殘虐，衆情不安，故殺之。』上赦其罪，因以涅禮爲松漠都督，且賜書責之曰：『卿之蕃法，多無義於君長，自昔如此，朕亦知之。然過折是卿之王，有惡輒殺之，爲此王者，不亦難乎？但恐卿爲王，後人亦爾。常不自保，誰願作王？亦應防慮後事，豈得取快目前。』突厥尋引兵東侵奚、契丹，涅禮與奚王李歸國擊破之。」（通鑑考異：「舊傳，過折爲可突干餘黨泥裏所殺，不云朝廷如何處置泥裏。今據張九齡集有此賜契丹都督涅禮敕，又有賜張守珪敕云：『涅禮自擅，難以義責。』蓋泥裏即涅禮也。」）

〔三〕册府元龜卷九七一：「天寶二年（七四三）正月，契丹刺史八十人并來朝。」又卷九七五：「天寶二年正月丁卯，契丹刺史匐從之等一百二十人，奚刺史達利胡等一百八十人並來朝。册勳皆授中郎將，賜紫袍、金鈿帶、金魚袋放還蕃。」

册府元龜卷九七九：「天寶四載（七四五）三月，封外孫女獨孤氏爲静樂公主，降松漠都督崇順王李懷節；封外甥女楊氏爲宜芳公主，出降饒樂郡（都）督懷信王李延寵。九月，奚及契丹酋長各殺公主舉部以叛。」

册府元龜卷九六五：「天寶五載（七四六）四月，封契丹王楷雒爲恭仁王，仍授松漠府都督。」又卷九七一：「天寶八載（七四九）正月，奚遣使賀正。九載（七五〇）六月，契丹遣使謝恩。」

新唐書卷二一九契丹傳：「契丹在開元、天寶間，使朝獻者無慮二十，故事，以范陽節度爲押奚、契丹使。」

〔四〕册府元龜卷九七一：「肅宗乾元三年（七六〇）正月。奚王主羅遣大首領上階將軍等十二人來朝。」卷九七二：「寶應元年（七六二）八月，奚、契丹並遣使朝貢。」

〔五〕原作「大曆十二年」，兹從新唐書卷二一九契丹傳改。檢册府元龜卷九七二：「大曆二年八月，契丹、渤海，十二月，渤海、契丹、室韋各遣使朝貢。四年十二月，契丹、奚、室韋、渤海並遣使朝貢。六年十一月，奚、契丹並遣使來朝。七年十二月，契丹、奚各遣使朝貢。八年十二月，奚、契丹並遣使朝貢。九年十二月，奚、契丹遣使來朝。十年正月，契丹、奚，十二月，奚、契丹各遣使朝貢。十二年四月，又十二月，奚、契丹並遣使來朝。十二年六月、八月，契丹遣使來朝。」由大曆二年至十二年，凡十三次。

〔六〕册府元龜卷九七二：「（德宗）貞元七年（七九一）九月，契丹遣使來朝。九年十二月，契丹遣使來朝。十年，契丹遣使來朝。十一年，契丹大首領熱蘇二十五人來朝。十七年，奚、契丹皆見。（憲宗）元和元年（八〇六）十二月，契丹遣使朝貢。二年十二月，奚、契丹並遣使朝貢。五年十一月，奚、契丹並遣使朝貢。八年十一月，契丹達干可葛等二十九人朝貢。九年十一月，契丹大首領梅落鶻劣來朝。十年十一月，契丹遣使朝貢。十一年正月，奚首領來朝獻名馬。（爾後每歲朝貢不絶，或二三至，其時，歲朝貢嘗數百人，至幽州，則選其酋渠三五十赴闕，引於麟德殿，錫以金帛遣還，餘皆駐而飯之，率爲常。）十一月，契丹、渤海並遣使朝貢。十二年十二月，契丹首領介落等朝貢。（穆宗）長慶二年（八二二）十二月，契丹遣使朝貢。四年十二月，奚、契丹並遣使朝貢。（敬宗）寶曆元年（八二五）十二月，奚、契丹並遣使朝貢。（文宗）太和三年（八二九）十二月，契丹遣使朝貢，四年十二月，奚、契丹並遣使朝貢。九年（八三五）十二月，契丹大首領介落等一十九人，室韋（韋）大都督阿朱等三十人，奚大首領匿郎等並三十人來朝。開成元年（八三六）十一月，契丹大首領列環等三十一人來朝。十二月奚、契丹等遣使朝貢。二年十一月，契丹遣使朝貢。四年十二月戊辰，渤海王子大延廣，契丹首領薩葛，奚大首領温訥骨，室韋大都督秩虫等朝貢。（武宗）會昌六年（八四六）正月，南詔、契丹、室韋、渤海、靺鞨、昆明等使並朝於宣政殿。（懿宗）咸通末（十四年、八七三），契丹王曰習爾之，累來朝貢方物。」舊唐書卷一九九下契丹傳：「（天寶）十二年，（契丹）又降附，迄於貞元，常間歲來修蕃禮。貞元四年與奚衆同寇我振武，大掠人畜而去。九年、十年復遣使來朝，大首領悔落拽何已下，各授官放還。十一年大首領熱蘇等二十五人來朝。自後至元和、長慶、寶曆、太和、開成，時遣使來朝貢。」

〔七〕本表下文作雅里又作泥里，本史卷二太祖紀贊、卷三四兵衛志上亦作雅里；卷三二營衛志部族、卷四六、四八百官志並作涅里；曲江集卷九有「敕契丹都督涅禮書，敕松漠都督涅禮書，稱松漠都督右金吾衛大將軍。」通鑑卷二一四考異：「泥裏即涅禮也。」遼太祖之始祖謂耶律始祖，以別於契丹始祖奇首可汗。

〔八〕按上文作迪輦、組里。本史卷三二營衞志部族作迪輦、祖里。新、舊唐書玄宗紀、通鑑、册府元龜並作李懷節。新唐書卷二一九契丹傳作：「契丹大酋李懷秀降，拜松漠都督，封崇順王。」通考亦作李懷秀。

〔九〕按新唐書卷二一九契丹傳，安禄山發幽州、雲中、平盧、河東兵十餘萬。非懷秀發兵十萬。懷秀應在「發兵十萬」句下，連接「與禄山戰潢水南」爲句。

〔一〇〕通鑑：「天寶十一載春三月，安禄山發蕃漢步騎二十萬擊契丹，欲以雪去秋之恥。初，突厥阿布思來降，上厚禮之，賜姓名李獻忠，累遷朔方節度副使，賜爵奉信王。獻忠有才畧，不爲安禄山下，禄山恨之。至是奏請獻忠帥同羅數萬騎，與俱擊契丹。獻忠恐爲契丹所害，白留後張暐，請奏留不行。暐不許，獻忠乃帥所部大掠倉庫，叛歸漠北。禄山遂頓兵不進。」又：「天寶十三載二月己丑，安禄山奏：『臣所部將士討奚、契丹、九姓、同羅等，勳效甚多，乞不拘常格，超資加賞，仍好寫告身，付臣授之。』於是除將軍者五百餘人、中郎將者二千餘人。禄山欲反，故先以此收衆心也。」又：「天寶十四載夏四月，安禄山奏破奚、契丹。」

〔一一〕索隱卷七：「案百官志遥輦九帳大詳穩司，掌遥輦洼可汗、阻午可汗，是阻午可汗之上，尚有洼可汗爲遥輦氏之首君，與此志不合。志下疑洼可汗即屈列，然屈列與過折皆大賀氏，非遥輦氏。」

〔一二〕楷洛封恭仁王，授松漠都督（見上文注〔三〕），在天寶五載四月。通鑑：「天寶五載夏四月癸未，立奚酋娑固爲昭信王，契丹酋楷洛爲恭仁王。六載冬十月己酉，李光弼爲河西兵馬使，充赤水軍使。光弼，契丹王楷洛之子也。（胡注：開元初，李楷洛封爲契丹王。）」舊唐書卷一一〇李光弼傳：「李光弼，營州柳城人。其先契丹之酋長。父楷洛，開元初，左羽林將軍同正、朔方節度副使，封薊國公，以驍果聞。」新唐書卷一三六李光弼傳：「李光弼，父楷洛，本契丹酋長，武后時入朝，累官左羽林大將軍，封薊郡公。吐蕃寇河源，楷洛率精兵擊走之。初行，謂人曰：『賊平，吾不歸矣！』師還，卒於道。贈營州都督，謚曰忠烈。」楊家駱遼史世表長箋云：「通鑑胡注：封契丹王，當爲薊郡公之譌。」又謂：新唐書睿宗先天元年六月甲子，左武衛將軍李楷洛疑即李光弼之父。」與封恭仁王之楷洛非一人。

〔一三〕通鑑：「貞元四年秋七月己未，奚、室韋寇振武，執宣慰中使二人，大掠人畜而去。時回紇之衆逆公主者在振武，（唐）朝臣遣七百騎與回紇數百騎追之，回紇使者爲奚、室韋所殺。」（胡注：「李延壽曰：『蓋契丹之在南者爲契丹，在北者爲室韋。』宋祁曰：『室韋，契丹別種，東黑水、靺鞨，西突厥，南契丹，北瀕海。』」）唐會要卷九六契丹：「至貞元四年，復犯我北鄙，幽州以聞。」

〔一四〕按本史卷四五百官志一，遥輦九帳大常衮司，已列遥輦九世可汗世次。

索隱卷七：「百官志：遥輦氏九世，阻午後有胡剌可汗、蘇可汗、鮮質可汗、昭古可汗，而後至耶瀾、巴剌、痕德堇九世。此志謂胡剌、蘇、昭古三可汗世次不可考，亦與百官志不合。」

索隱卷七：「案列傳洼可汗之後無人，惟有宮人北面樞密副使蕭涅魯古、西北路招討使撒抹、東北路統軍奪剌（傳廿二）。宮分人有西北統軍使蕭得裏特（傳四一），又有樞密使蕭特烈（傳四四），而鮮質可汗子有奚六部吐里耶律敵剌（傳四），其後人有侍中楚國公耶律弘古（傳十八），孟父房敵穩耶律玦（傳廿一），其宮人亦有西京留守蕭滴洌（傳廿五），昭古可汗裔有遥輦敞穩耶律海里（傳三），其四世孫有政事令都監耶律阿没里、左夷離畢賢哥（傳九），其宮分人亦有旗鼓拽剌詳穩蕭達魯古（傳四一），耶律阿没里、蕭達魯古二傳稱嘲古可汗即昭古也。蓋遥輦氏九世可汗後並姓耶律，宫人宫分人則多蕭姓，與横帳十二宫同。」

〔一五〕「是爲耶瀾可汗」原在下文「幽州節度使」下，誤以屈戍爲幽州節度使。據新唐書卷二一九契丹傳乙正。屈戍，全唐文卷七二八作鶻戍。

舊唐書卷一九九下契丹傳：「會昌二年九月，制：『契丹新立王屈戍，可雲麾將軍，守右武衛將軍，員外置同正員。』幽州節度使張仲武上言：『屈戍等云，契丹舊用迴紇印，今懇請聞奏，乞國家賜印。』許之。以『奉國契丹之印』爲文。」（新唐書卷二一九契丹傳、唐會要卷九六、五代會要卷二九並畧同）

一九七七年河北隆化縣發現鎏金銅印一方，陽文篆書「契丹節度使印」六字。印背呈覆斗形，四周坡面上刻四隻獅子圖象。坐獅爲紐。形制、篆法，風格均屬唐代，但無款識，鑄造時間不詳。疑是唐末所賜。見考古一九八二年第四期。

新唐書卷二一二張仲武傳：「始，回鶻嘗有酋長監奚、契丹，以督歲貢，因詗刺中國，仲武使裨將石公緒等厚結二部，執諜者八百餘人殺之。」會昌一品集卷二幽州紀聖功碑銘：「先是，奚、契丹皆有虜（回鶻）使監護其國，責以歲遺，且爲漢諜。」通鑑：「會昌二年九月，初，奚、契丹羈屬回鶻，各有監使，歲督其貢賦，且詗唐事，張仲武遣牙將石公緒統二部，盡殺回鶻監使等八百餘人。會昌三年春正月庚子，大破回鶻於殺胡山。」

〔一六〕習爾，新唐書作習爾之。册府元龜卷九七二同。本史卷三三營衛志云：「遥輦鮮質可汗討之（奚），俘其拒敵者七百户，撫其降者。」檢新唐書卷二一九契丹傳稱咸通中習爾之時，契丹「部落寖疆」。奚傳稱咸通時「契丹方强，奚不敢抗，而舉部役屬」。似習爾之爲鮮質可汗。小川裕人以太祖叔父釋魯當習爾。本史卷四五百官志：「著帳郎君院。遥輦痕德堇可汗以蒲古只等三族害于越釋魯，家屬没入瓦里。」

〔一七〕新唐書卷二一九契丹傳：「習爾之死，族人欽德嗣。光啓時，方天下盜興，北疆多故，乃鈔奚、室韋，小小部種，皆役服之，因入寇幽、薊，劉仁恭窮師踰摘星山以討之。歲燎塞下草，使不得留牧，馬多死，契丹乃乞盟，獻良馬求牧地，仁恭許之。復敗約入寇。劉守光戍平州，契丹以萬騎入，守光僞與和，帳飲具於野，伏發，擒其大將，羣胡慟，願納馬五千以贖，不許。欽德輸重賂求之，乃與盟，十年不敢近邊。」

〔一八〕册府元龜卷九五六：「（唐）昭宗時，其王欽德政衰，别有部酋長耶律阿保機者，最推雄勁，族帳漸盛，代欽德爲王。」拾遺卷一七：「蘇逢吉漢高祖實録曰：『契丹本姓大賀氏，後分八邸（資治通鑑考異開平元年引文作族）。一曰利皆邸，二曰乙失活邸，三曰實活邸，四曰納尾邸，五曰頻没邸，六曰内會雞邸，七曰集解邸，八曰奚嗢邸，管縣四十一。縣有令。八族之長，皆號大人，稱刺史，常推一人爲王，建旗鼓以稟之。每三年，第其名以相代。』賈緯備史曰：『後唐武皇會阿保機故雲州城，結以兄弟之好。時列兵相去五里，使人持杯往來，以展酬酢之禮。阿保機喜謂武皇曰：「我蕃中酋長，舊法三年則罷，若他日見公，復相禮否？」武皇曰：「我受朝命鎮太原，亦有遷移之制，但不受代則可，何憂罷乎？」保機由此用其教，不受諸族之代。』唐莊宗列傳曰：『咸通末，契丹王曰習爾，疆土稍大，累來朝貢。光啓中，其王曰欽德，乘中原多故，北邊無備，遂蠶食諸部，達靼、奚、室韋之屬，咸被驅役，及欽德政衰，阿保機族盛，自稱國王。』」

拾遺補卷四：「楊鉅翰林學士院舊規曰：『答契丹書頭云：敕契丹王阿保機。尾云：想宜知悉，時候卿比平安好。舊使黄麻紙，平使印，自爲朝宣令，使五色箋紙，并使印。及次寶鈿函封。自僭稱神號，奏事多繫軍幾，所賜中書内改例從權，院中無樣。』北庭雜記曰：『凡立王，則衆部酋長皆集會議，其有德行功業者立之，或災害不生，羣牧孳盛，人民安堵，則王更不替代。苟不然，其諸酋會衆部，别選一名爲王。故王以番法亦甘心退焉，不爲衆所害。有韓知古、韓潁、康枚、王奏事、王郁，皆中國人，共勸太祖不受代。』」

通鑑卷二六六考異引漢高祖實録：「僖、昭之際，其王邪律阿保機怙强恃勇，距諸族不受代，自號天皇王。後諸族邀之，請用舊制，保機不得已，傳旗鼓，且曰：『我爲長九年，所得漢人頗衆，欲以古漢城領本族，率漢人守之，自爲一部。』諸族諾之，俄設策復併諸族，僭稱皇帝。」

遼史補注卷六十四

表第二

皇子表

帝官天下，王者家焉。至于親九族，敬五宗，其揆一也。三代以上，封建久長，故吳、魯、燕、蔡、衛、晉、鄭，太史遷既著世家，又列年表，不厭其詳。自漢以降，封建實亡，猶有其名，長世者登世家，自絶者置列傳，然王子侯猶可以年表也。班固以爲文無實，併諸侯削年而表，世君子韙之。自魏以降，不帝不世，王侯身徙數封，朝不謀夕，於是列而傳之。功不足以垂法，罪不足以著戒，碌碌然，抑又甚焉。

今摘其功罪傑然者列諸傳；叙親親之恩，敬長之義，而無他可書者，畧表見之，爲皇子表。

帝係	名字	第行	封爵	官職	功	罪	薨壽	子孫
肅祖四子：昭烈皇后蕭氏生，懿祖第二見帝紀。	洽昚，字牙新。	第一。		迭剌部夷離堇。	有德行。分五石烈爲七，六爪爲十一。			房在五院司。
	葛剌，字古昆。	第三。		舍利。			早卒。	房在六院司。
	洽禮，字敵輦。	第四。		舍利。				房在六院司。
懿祖四子：莊敬皇后蕭氏生，玄祖……	叔剌。	第一。		舍利。			早卒。	
	帖剌，字痕得。	第二。		九任迭剌部夷離堇。			卒年七十。	六院司，呼爲夷離堇房。
玄祖第三，見帝紀。	褭古直，字巖毋根。	第四。		舍利。	善射。		年幾冠，墮馬卒。	六院司，呼爲舍利房。

玄祖四子：簡獻皇后蕭氏生。德祖第四，見帝紀。		
麻魯。	巖木，字敵輦。	釋魯，字述瀾。
第一。	第二。	第三。
	重熙中，追封蜀國王。	重熙中，追封爲隋國王。
舍利。	三爲迭刺部夷離菫。	于越。
	身長八尺，多力，能裂麃皮。語音如鐘，彌里本嶺去家數里，嘗登嶺呼其從，家人悉聞之。	驎脅多力，賢而有智。先遥輦氏可汗歲貢于突厥，至釋魯爲于越，始免。教
早卒。	年四十五薨。	年五十七，爲子滑哥所弒。
	二子：胡古只、末掇。其後即三父房之孟父。	滑哥。其後即三父房之仲父。〔一〕

德祖六子：宣簡皇后蕭氏生五子，太祖第一，見帝紀。

剌葛，字率懶。

第二。

太祖即位，爲惕隱，改迭剌部夷離堇。

民種樹桑麻。

爲惕隱，討涅烈部，破之，改爲迭剌部夷離堇。從太祖親征，統本部兵攻下平州。

性愚險。破涅烈部而驕，與弟迭剌、安瑞等謀亂。事覺，按問，具伏，太祖令誓而捨之。太祖曰：「汝謀此事，不過欲富貴爾。」出爲迭剌部夷離堇。復謀爲亂，

自幽州南竄，爲人所殺。

子賽保。即三父房之季父。

誘羣弟據西山以阻歸路，太祖聞而避之，次赤水城。刺葛詐降，復使神速焚明王樓，大掠而去。至擘只、喝只二河，〔二〕與追兵戰，衆潰。及鴨里河，女骨部人邀擊之，刺葛輕

	迭剌，字雲獨昆。
	第三。
	天顯元年，爲中臺省左大相。
	性敏給，太祖曰：「迭剌之智，卒然圖功，吾所不及；緩以謀事，不如我。」回鶻使
騎遁去。至榆河，先鋒敵魯生擒之。太祖念其同氣，不忍加刑，杖而釋之。神册二年，南奔。	與兄剌葛謀反，剌葛遁，迭剌與安端降，太祖杖而釋之。神册三年，欲南奔，

	寅底石，字阿辛。
	第四。
	重熙間，追封許國王。
	太祖遺詔寅底石守太師、政事
至，無能通其語者，太后謂太祖曰：「迭剌聰敏可使。」遣迓之。相從二旬，能習其言與書，〔三〕因制契丹小字，數少而該貫。〔四〕	
事覺，親戚請免於上，上又赦之。	生而闒懦。與兄剌葛作亂，兵敗，
	太祖命輔東丹王，淳欽皇后遺
	孫阿烈。

	安端，字猥隱。
	第五。
	天禄初，以功王東丹國，賜號明王。
令，輔東丹王。	神册三年，爲惕隱。天顯四年，爲北院夷離堇。〔五〕
	神册三年，討平雲州。天顯元年，征渤海，〔六〕破老相兵三萬餘人；安邊、鄭頡、定理三府叛，平之。太宗即
太祖赦之。後復與剌葛遁至榆河，自刺不死，被擒，太祖釋之。	與兄剌葛謀亂，妻粘睦姑告變，太祖誓而免之。復叛，兵敗，見擒，杖而釋之。子察割弒逆被誅，穆宗赦通謀
司徒劃沙殺于路。	

	蘇，字雲獨昆。
	第六。
	神册五年，爲惕隱。六年，爲南府宰相。
位，有定策功，會同中，伐晉，率兵先出雁門，下忻、代。世宗初立，以兵往應，及李胡戰于泰德泉，敗之。	言無隱情，太祖尤愛之。滄州節度使劉守文求救，太祖命往救，
罪，放歸田里。	在南府，以賄聞，民頗怨。
	征渤海國還，薨。
	已上並係季父房。

解滄州圍。刺葛詐降，蘇往來其間。既平，蘇力爲多。天贊三年，與迭里畧地西南。天顯初，征渤海，攻破忽汗城，大諲譔降。性柔順，事上忠謹。太祖二十功臣，蘇居其一。

太祖四子：淳欽皇后蕭氏生三子，太宗第二，見帝紀。

倍，小字圖欲，唐明宗賜姓東丹，名慕華，改賜姓李，名贊華。

第一。

神册元年，立爲皇太子。天顯元年，爲東丹國人皇王，建元甘露，稱制行事，置左右大相及百官，一用漢法。太宗立，詔居東平郡，升爲南京。太宗謚曰文武元皇王。世宗謚

唐遣人來招，倍浮海奔唐，唐人迎以天子儀衛，改瑞州爲懷化軍，拜懷化軍節度使，瑞、慎等州觀察使。移鎮滑州。召入，遙領虔州節度使。

聰敏好學，通陰陽、醫藥、箴灸之術，知音律，善畫，工文章。太祖征烏古、党項，倍爲先鋒都統。經畧燕地，至定州。聞太祖與李存勗相拒于雲碧店，引兵馳赴，存勗退走。陳渤

外寬内忍，刻急，喜殺人。

唐主從珂將自焚，遣壯士李彦紳害之，薨年三十八，葬醫巫閭山。

子婁國、隆先、道隱。已下並係橫帳。

讓國皇帝。統和中，更謚文獻皇帝。重熙二十一年，增謚文獻欽義皇帝。

海可取之計。天顯元年，從征渤海，拔扶餘城，太祖欲括户口，諫止，且勸乘勢攻忽汗城，夜圍降之。唐李從珂自立，密報太宗曰：「從珂弑君，不可不討。」

李胡，一名洪古，字奚隱。

第三。

天顯五年，立爲皇太弟。統和中，追謚欽順皇帝。〔七〕重熙二十一年，更謚章肅皇帝。

天顯五年，兼天下兵馬大元帥。

勇悍多力。天顯五年，徇代北，攻寰州，多俘而還。太宗凡親征，常留守京師。

性酷忍，小怒，輒黥人面，或投水火中。世宗即位于鎮陽，太后怒，遣李胡將兵往擊，至泰德泉，爲安端、劉哥所敗。耶律屋質諫太后，李胡作色曰：「我在，兀欲安得立？」屋質曰：

死于囚所，年五十，葬玉峯山西谷。

二子：宋王喜隱。衛王宛。

「民心畏公酷暴，無如之何！」太后曰：「我與太祖愛汝異於諸子，諺曰：『偏憐之子不保業，難得之婦不主家。』我非不欲立汝，汝自不能矣。」李胡往世宗軍議和。解劍而後見。和

	宮人蕭氏生一子。
	牙里果，字敵輦。
	第四。
	自晉還，始爲惕隱。
	性沉默，善騎射。
約定，趨上京。有告李胡與太后謀廢立，徙祖州。穆宗時，喜隱反，辭連李胡，囚之。	天顯三年，救耶律沙于定州，爲李嗣源所獲，至石晉立，始得還。
	以病薨。
	二子：敵烈、奚底，皆知名。

太宗五子：靖安皇后蕭氏生二子，穆宗第一，見帝紀。	宮人蕭氏生三子。
罨撒葛。	天德，字苾扇。
第二。	第三。
會同元年，封太平王。〔八〕世宗詔許與晉主往復以昆弟禮。景宗封齊王，贈皇太叔，謚欽靖。	
穆宗委以國政。	
	猛悍趫捷，人望而畏。太宗討石重貴，至望都，晉將杜重威率兵
謀亂，令司天魏璘卜日，覺，貶西北邊戍。景宗即位，撤葛懼，竄于大漠，召還，釋其罪。	與李胡戰于泰德泉，太后聞之不悅，後不復用。與侍衛蕭翰謀
保寧四年，病疽薨。	天祿二年，伏誅。

十萬先據河梁。上欲以計破之，募能斷糧道者，天德請以五千騎行。許之。從間道擊走衛送之軍，火其輜重。重威窮蹙，乃降。會同三年，與邸用和使晉。世宗即位，遣天德	反，繫獄。耶律留哥、盆都等辭連天德，併按之。天德斷鎖，不能出。

	敵烈，字巴速菫。
	第四。
	保寧初，封冀王。
護送太宗靈柩于上京。太后遣李胡拒世宗，遇耶律留哥等于泰德泉，戰甚力，敗之。	多力善射。保寧初，宋人侵漢，與南府宰相耶律沙將兵往援，却敵而還。
	與宣徽使耶律海思等謀反，事覺，穆宗釋之。乾亨初，宋主攻河東，至白馬
	子哇哥，白馬嶺之敗俱歿。

	必攝，字箴革。
	第五。
	景宗封爲越王。〔九〕
	應曆間，族人恒特及蕭啜里有罪，欲亡，必攝密以聞。上以爲忠，常以侍從。上好畜鹿，有傷斃及逸去，即殺主者。適欲誅一監養
嶺，敵烈以先鋒度澗，未半，宋軍逆擊，師潰。	
歿于陣。	以疾薨。

世宗三子：景宗第二。

	吼阿不。
	第一。舊史皇族傳書在第三，且云未詳所出。按景宗本紀云，景宗皇帝，世宗第二子。又按舊史本傳云，景宗立，
	景宗立，追册爲皇太子，謚莊聖。
鹿官，必攝諫而免。景宗時，討党項有功。	
	早薨。墓號太子院。

	妃甄氏生一子。
	只没，〔一〇〕字和魯堇。
親祭于墓，追册爲皇太子。當是世宗嫡長子也。	第三。舊史皇族傳書在第一。
	景宗封爲寧王，保寧八年奪爵。統和元年，皇太后稱制，詔復舊爵。
	敏給好學，通契丹、漢字，能詩。統和元年，應皇太后命，賦移芍藥詩。
	應曆末，與宮人私通，上聞，怒，榜掠數百，刺一目而宮之，繫獄，將棄市。景宗即位，釋之，賜以所私宮人。保寧八年，妻造

景宗四子：睿智皇后蕭氏生三子，聖宗第一，見帝紀。

	隆慶，字燕隱，小字普賢奴。
	第二。
	八歲封恒王。統和十六年，徙王梁國。開泰初，更王晉國，進王秦晉，追贈皇太弟。
	初兼侍中。統和中，拜南京留守。開泰初，加守太師，兼政事令，尋拜大元帥，賜金券。
	統和十七年，南征爲先鋒，至瀛州，遇宋將范庭召列陣以待。隆慶遣蕭柳擊敗之，逃入空壁，圍而盡殪。十九年，復敗宋人于行唐。
鴆毒，奪爵，貶烏古部。賦放鶴詩，徵還。	
	入覲，還至北安州，浴温泉(二)，疾薨，葬醫巫閭山。
	子五人：查葛、遂哥、謝家奴、驢糞、蘇撒。

	一子不詳所出。〔一三〕	聖宗六子：欽哀皇后蕭氏生二
隆祐，小字高七，一字胡都菫。	藥師奴。	重元，小字孛吉只。
第三。	第四。	第二。
乾亨初，封鄭王。統和中，徙王吳，更王楚。開泰初，改王齊。〔一二〕謚仁孝。重熙間，改謚孝靖。		太平三年，封秦國王。興宗立爲
統和中，伐宋，留守京師，拜西南面招討使。及征高麗，復留守京師，權知北院樞密使。出守東京。贈守太師。		歷南、北院樞密使，南京留守，知
		聖宗崩，欽哀皇后稱制，密謀立
		清寧九年，車駕秋獮灤水，重元
開泰元年薨。	早卒，葬王子院。	謀反，軍潰，自殺。
子三人：胡都古、合禄、貼不。		子涅魯古謀反，戰歿。

子，興宗第一，見帝紀。

皇太弟，賜金券。道宗册爲皇太叔，免拜不名，復賜金券。

元帥府事。道宗拜天下兵馬大元帥。

重元，重元以所謀白於上，上益重之。後雖處戎職，未嘗離輦下，尊寵古未之有。

子涅魯古與陳六、蕭胡覩等四百餘人謀反，誘脅弩手軍攻行宮。將戰，其黨多悔過效順，各奔潰。重元奔走大漠，歎曰：「涅魯古使我至此。」

一子，未詳所出。	僕隗氏生二子。	
別古特，字撒懶。	吴哥，字洪隱。	狗兒，字屠魯昆。
第三。	第四。	第五。
重熙中，封柳城郡王。	燕王。	太平元年，拜南府宰相。
太平七年，遙領彰信軍節度使，爲王子郎君班詳穩。重熙中，累遷契丹行宮都部署。	開泰二年，爲惕隱，出爲南京留守。	
明敏，善射。討夏國，督戰有功。		
討夏軍還，薨。	薨于南京。	暴疾薨。
	四世孫敵烈、朮烈。朮烈繼梁王雅里稱帝。	

姜氏生一子。	興宗三子：仁懿皇后蕭氏生三子，道宗第一，見帝紀。
侯古，字訛里本。	和魯斡，字阿輦。
第六。	第二。
重熙十七年，封饒樂郡王。〔一四〕咸雍中，徙混同郡王。	重熙十七年，封越王。清寧初，徙王魯，進王宋魏。乾統三年，册爲皇太叔。
重熙初，王子郎君班詳穩，後爲上京留守。	清寧中，拜上京留守，改南京留守。乾統初，爲天下兵馬大元帥，加守太師，免拜不名。三年爲惕隱，加義和
	重元亂，和魯斡夜赴戰。
	天祚即位，弛圍場之禁。和魯斡請曰：「天子以巡幸爲大事，雖居諒陰，不可廢也。」上以爲然，復命有司
薨于上京。	從獵于慶州，薨。
	子三人：石篤、遠、淳。淳封秦晉王，稱帝。

		道宗一子：宣懿皇后蕭氏生。
	阿璉，字訛里本。	濬，小字耶魯斡。
	第三。	第一。
	重熙十七年，封許王。清寧初，徙陳王、秦王，進封秦越國。追封秦魏國王，諡欽正。	六歲封梁王，八歲立爲皇太子，諡昭懷，以天子禮葬。
仁壽之號，復守南京。〔一五〕	清寧中，出爲遼興軍節度使。咸雍間，歷西京、上京留守。〔一六〕	大康元年，兼領北、南院樞密使。〔一七〕
		幼能言，好學，知書文。帝屢曰：「此子聰慧，殆天授。」七歲
促備春水之行。		
	從車駕秋獮，以疾薨。	年二十，爲乙辛誣害，因上京見殺，葬玉峯山。
		子天祚皇帝，諱延禧。

	天祚六子：文妃生一子。
	敖魯斡。
	第一。出繼大丞相耶律隆運後。
乾統初，追尊大孝順聖皇帝，廟號順宗。	初封晉王。
從獵，連中二鹿，上謂左右曰：「祖先騎射絶人，威振天下，是兒雖幼，當不墜祖風。」後復遇十鹿，射之，得九，帝喜，爲設宴。	喜揚人善，勸其不能，中外稱其長者。
	保大元年，南軍都統耶律余覩以敖盧斡
	保大二年，以得人心縊死。

有人望，與文妃密謀立之，不果，余覩降金，文妃伏誅，敖盧斡不與謀，得免。耶律撒八等復謀立敖盧斡，事覺，或勸之亡，曰：「安忍爲蕞爾之軀，失臣子之節！」聞者傷之。

元妃生一子。	四子未詳所出。〔一八〕			
雅里，字撒鸞。	撻魯。	習泥烈。	定。	寧。
第二。	第三。	第四。	第五。	第六。
七歲，欲立爲太子，別置禁衛，封梁王。天祚奔夏，衆推稱帝，改元神曆。	燕國王。	趙王。〔一九〕	秦王。	許王。
	早薨。	從天祚至白水濼，爲金師所獲。	至青塚濼，爲金師所獲。	至青塚濼，爲金師所獲。

〔一〕釋魯，子滑哥。應作二子：滑哥、綰思。

〔二〕擘只、喝只二河。按本史卷一太祖紀：太祖七年四月作培只河、柴河。

〔三〕二旬時間，能習其言與書，可能先有一定基礎。似有脱文。

〔四〕小字即慶陵哀册式之字。

〔五〕天顯原誤「天贊」。按本史卷二太祖紀，天顯元年，安端猶爲惕隱，時北院夷離堇爲斜涅赤，卷七三耶律斜涅赤傳天顯中卒。安端繼之，據改。

〔六〕三年原誤「元年」，天顯原誤「天贊」，按本史卷二太祖紀，神册三年正月攻雲州，天顯元年正月征渤海，據改。

〔七〕中字原脱，據本史卷七二本傳補。按本史卷二〇興宗紀重熙二十一年九月及全遼文卷六韓橁墓誌銘均稱恭順皇帝，此與本傳作欽順者，因陳大任避金章宗父允恭諱改。

〔八〕按本史卷四太宗紀，封罨撒葛爲太平王在會同二年三月。

〔九〕景宗原誤「穆宗」，按本史卷八景宗紀，封越王在保寧元年四月，據改。

〔一〇〕按本史卷一〇聖宗紀，統和元年正月作先帝庶兄質睦。

〔一一〕今河北省承德市東北四十公里湯山有温泉，俗稱湯山温泉。

〔一二〕初原作「中」，按本史卷一五聖宗紀，開泰元年三月，楚國王隆祐徙封齊國王。據改。

〔一三〕契丹國志卷一三景宗蕭皇后傳：「凡四子：長名隆緒，即聖宗；次名隆慶，番名菩薩奴，封秦晉王；次名隆裕，番名高七，封齊國王；次名鄭哥，八月而夭。」

譚其驤（遼史訂補皇子表）：「藥師奴，表作不知所出。按藥師奴卒於繈褓之中，皇后乃爲卜葬於契丹發祥地之潢、土二河間，置永州於墓側，迨聖宗嗣位，又親臨致祭，是其必非庶出可知也。」

〔一四〕原脱「十」字，按本史卷二〇興宗紀在十七年十一月，據補。

又卷二一道宗紀重熙二十四年十一月，以南院大王侯古爲中京留守。

附：卷一五聖宗紀：「開泰六年九月，以皇子屬思生，大赦。」

〔一五〕三年至復守南京一段，按本史卷二七天祚紀在乾統六年十月，以皇太叔南京留守和魯斡兼惕隱。義和仁壽之號，紀作義和仁聖。「復守」作「仍守」較妥。因惕隱爲兼官，並未離去南京留守。

附：卷一八興宗紀：「重熙四年六月皇子寶信奴生。」

〔一六〕本史卷一〇五蕭文傳：「大康初，掌秦越國王中丞司事。」

〔一七〕按本史卷二三道宗紀大康元年六月，作「詔皇太子總領朝政」。卷七二本傳：「大康元年，兼領北南樞密院事。」

〔一八〕按本史卷七一后妃傳德妃生子撻魯。又卷二九天祚紀保大元年正月，趙王母昭容。

〔一九〕按本史卷二七天祚紀乾統六年十一月，初封饒樂郡王。

遼史補注卷六十五

表第三

公主表

春秋之法，王姬下嫁書于策，以魯公同姓之國爲之婚主故爾。古者，婦諱不出門，内言不出梱，公主悉列于傳，非禮也。然遼國專任外戚，公主多見紀、傳間，不得不表見之。禮，男女異長，不當與皇子同列，別爲公主附表。〔一〕

屬	母	名	封	下嫁	事	罪	薨	子
太祖一女：		質古。〔二〕		下嫁淳欽皇后弟蕭室魯。〔三〕	幼爲奥姑。契丹故俗，凡婚燕之	附剌葛。〔四〕	未封而卒。	一女爲太宗靖安皇后。〔五〕

	太宗二女：	
	呂不古，第一。	嘲瑰，第二。
	應曆間，封泙國長公主。保寧中，進封燕國大長公主〔六〕。	
	下嫁北府宰相蕭思溫〔七〕。	下嫁北府宰相蕭海瓈〔八〕。
禮，推女子之可尊敬者坐於奧，謂之「奧姑」。		
	以疾薨。	應曆初，未封卒。

世宗三女：			景宗四女：
懷節皇后生：〔九〕			睿智皇后生三女：〔一二〕
和古典，第一。〔一〇〕	觀音，第二。	撒剌，第三。	觀音女，第一。〔一三〕
保寧間，封秦國長公主。	保寧間，封晉國長公主。		封魏國公主，進封齊國。景福中，封燕國大長公主。
下嫁侍中蕭啜里。〔一一〕	下嫁蕭夏剌。	下嫁蕭斡里。	下嫁北府宰相蕭繼先。〔一四〕
			皇后尤加愛，賜奴婢萬口。
以疾薨。		未封卒。	重熙中薨。〔一五〕
			子一人紹宗。〔一六〕

	長壽女，第二。〔一七〕	封吳國公主。統和初，進封衛國，改封魏國長公主。	下嫁宰相蕭排押。〔一八〕			開泰六年薨。	
	延壽女，第三。〔一九〕	封越國公主，追封趙國。	下嫁蕭恒德。〔二〇〕	性沉厚，睿智皇后於諸女尤愛，甚得婦道，不以貴寵自驕。		統和十五年，〔二一〕年二十一，以疾薨。	一女嫁高麗王治。〔二二〕一子匹敵。〔二三〕
渤海妃生一女：	淑哥，第四。〔二四〕	無封號。	乾亨二年，下嫁盧俊。		與駙馬都尉盧俊不諧，表請離婚，改適蕭神奴。〔二五〕		

聖宗十四女：

貴妃生一女：	燕哥，第一。	封隨國公主，進封秦國。興宗封宋國長公主。	下嫁蕭匹里。〔二六〕				一女爲興宗貴妃。〔二七〕
欽哀皇后〔二八〕生二女：	巖母堇，第二。〔二九〕	開泰七年，封魏國公主。進封秦國長公主，改封秦晉國長公主。清寧初，加大長公主。〔三〇〕	下嫁蕭啜不。〔三一〕		改適蕭海里，不諧，離之。又適蕭胡覩，不諧，離之。乃適韓國王蕭惠。〔三二〕		

	蕭氏生二女：蕭氏，國舅夷離畢房之女。	
槊古，第三。〔三三〕	崔八，第四。	陶哥，第五。
封越國公主，進封晉國。景福初，封晉蜀國長公主。清寧初，加大長公主。〔三四〕	封南陽郡公主，進封公主。	封長寧郡公主，進封公主。
下嫁蕭孝忠。〔三五〕	下嫁蕭孝先。	下嫁蕭楊六。
姿質秀麗，禮法自將。		
以疾薨。	太平末，東京大延琳反，遇害。〔三七〕	
一子阿速。女爲道宗宣懿皇后。〔三六〕		

蕭氏生一女：	鈿匿，第六。	封平原郡主，進封荊國公主。	下嫁蕭雙古。				
馬氏生一女：	九哥，第七。	封潯陽郡主，進封公主。	下嫁蕭璉。				
大氏生一女：	長壽，第八。	封臨海郡主，進封公主。	下嫁大力秋。			駙馬都尉大力秋坐大延琳事伏誅，改適蕭慥古。	
白氏生四女：	八哥，第九。	封同昌縣主，進封公主。	下嫁劉三嘏。〔三八〕				
	十哥，第十。	封三河郡主，進封公主。	下嫁奚王蕭高九。				

				興宗二女：
		李氏生一女：	艾氏生一女：[四一]	仁懿皇后生二女：
驊失，第十一。	泰哥第十二。	賽哥，第十三。	興哥，第十四。	跋芹，第一。
封仁壽縣主，進封公主。		封金鄉郡主，進封公主。		封魏國公主。重熙末，徙封晉國，加長公主。
下嫁劉四端。	下嫁蕭忽烈。[三九]	統和中，下嫁蕭圖玉。[四〇]	下嫁蕭王六。	下嫁蕭撒八。[四二]
		以殺奴婢，得罪。		與駙馬都尉蕭撒八不諧，離之。清寧初，改適蕭阿速。
		薨於貶所。		

道宗三女：		
宣懿皇后生三女：		
撒葛只，第一。	斡里太，第二。壽隆間，加大長公主。〔四五〕	
封鄭國公主。咸雍中，徙封魏國。〔四七〕	封鄭國公主。清寧間，加長公主。	
下嫁蕭末。〔四八〕	下嫁蕭余里也。〔四六〕	
端麗有智。		
		〔四三〕以婦道不修，徙中京，又嫁蕭窩匿。〔四四〕
大康初薨。		

紏里，第二。

封齊國公主，進封趙國。

下嫁蕭撻不也。〔四九〕

駙馬都尉撻不也坐昭懷太子事，被害，其弟訛都斡欲逼尚公主，〔五〇〕公主以訛都斡黨乙辛，惡之。未幾，訛都斡以事伏誅。天祚幼，乙辛用事，公主每以匡救爲心，竟誅乙辛。

大安五年，以疾薨。

	昭懷太子一女：
特里，第三。	延壽。
封越國公主。乾統初，進封秦晉國大長公主，徙封梁宋國大長公主。	封楚國公主，徙封許國。乾統元年，進封趙國，加秦晉國
下嫁蕭酬斡。〔五一〕	下嫁蕭韓家奴。〔五六〕
公主從天祚出奔。明年，攻應州，〔五二〕留公主守輜重。金人圍之，公主奔行在所，天祚潛遁，爲金人所獲。	幼遭乙辛之難，與兄天祚俱養于蕭懷忠家。後李氏
大康八年，以駙馬都尉蕭酬斡得罪，離之。改適蕭特末，〔五三〕爲都統，〔五四〕與金人戰，敗于石輦鐸，被擒。	
與特末生二子：仲恭、仲宣，俱爲金人所獲。〔五五〕	

			國長公主。		進挾穀歌，文帝感悟，召還宮。			
天祚六女：	文妃生一女：	余里衍。	封蜀國公主。		爲金人所獲。〔五七〕			
	元妃生三女：				俱爲金人所獲。			
	宮人生二女：				俱爲金人所獲。〔五八〕			

〔一〕羅校，附字衍。

〔二〕又作餘盧覩姑，參注〔三〕。

〔三〕本史卷一太祖紀太祖八年正月，「北宰相實魯妻餘盧覩姑於國至親，一旦負朕，從于叛逆，未置之法而病死，此天誅也」。實魯即蕭室魯，太祖七年五月，神册二年三月亦並作實魯。卷七一后妃傳：「太宗靖安皇后蕭氏，小字温，淳欽皇后弟室魯之女。」

〔四〕以上三字原缺，據注〔三〕增。按注〔三〕，下欄應作「未封以疾卒」。

〔五〕以上九字原缺，據本史卷六七外戚表、卷七一太宗靖安皇后傳增。參見注〔三〕。

〔六〕按輯本元一統志卷一：「保寧四年圓慧法師建傳法院大祥師讓公實行碑：施院功德主魏王蕭守興、魏國長公主耶律氏也。」即保寧四年已有魏國長公主之號。本史卷七八蕭思温傳：「太宗時，尚燕國公主。」此稱保寧中進封燕國大長公主，未合。

〔七〕蕭思温，小字寅古，又名挾力，漢名守興，本史卷七八有傳。女爲景宗睿智皇后。

〔八〕蕭海瓈字寅的哂，本史卷七八有傳云：「天禄間，娶明王安端女藹因翁主。應曆初，繼娶嘲瑰翁（公）主。」

〔九〕本史卷七一懷節皇后傳：「天禄末，立爲皇后。明年秋，生萌古公主。」

〔一〇〕按本史卷一〇聖宗紀統和元年正月、三年十一月並作胡骨典，元年四月作胡古典。

〔一一〕宋會要蕃夷一作蕭咄李，乾亨二年（太平興國五年，九八〇）戰死於攻宋雁門之役。本史卷一〇聖宗紀統和三年十一月，「賜公主胡骨典葬夫金帛、工匠」。

〔一二〕睿智皇后，智原作「聖」。按本史紀、志、表、傳另見者並作智，據改。

〔一三〕長編：「咸平六年（一〇〇三）七月，契丹供奉官李信來歸。信言：『景宗，女三人，長曰燕哥，年三十四，適蕭氏弟北宰相留住哥。』」全遼文卷六秦晉國大長公主墓誌銘：「景宗成皇帝……承天皇太后……故秦晉國大長公主即長女也。乾亨辛巳歲（三年），始封齊國公主。以故北宰相、上京留守、檢校太師兼中書令蘭陵郡王贈宋王諱繼遠，睠乃英胄，詔爲好逑。拜駙馬都尉。聖宗大孝宣皇帝，同母弟也。統和壬子歲（三十年），改封楚國長公主。開泰改元，册爲晉國長公主。戊午歲（七年），封吴越國長公主。太平辛酉歲（元年），進册爲趙魏國長公主。重熙元年，特加大字，戊寅歲（七年），册爲秦晉國大長公主。壬午歲（十一年），加『恭壽仁懿』四字。其年冬十一月，命加『雍肅』二字。乙酉歲（十四年）秋七月，爰止中京，就安北第，美疹在肓，馳驛以聞，詔赴行闕。冬十一月十七日，薨於龍化州西南坐冬之行帳，享年七十有六。……乃詔宗子中書令宋王宗政等監護神柩，諸公主等供侍靈帳，其月二十日發引。明年十二月（應爲元月或二月）十五日，權窆於馬盂山先王塋垣之丘堂，仍詔保寧軍節度使王英秀充祭葬使，六宅使高桂預焉。特遣樞密使兼侍中南陽韓公紹雍夙夜襄事，一以如儀，即以其年二月壬子朔二十一日壬申，啟先王之塋合祔焉。子一人，紹宗，尚秦國長公主。女二人，長適皇太弟隆慶，册爲秦國妃；次適隆裕，册爲齊國妃。孫三人：長曰永，崇德宫漢兒渤海都部署彰武軍節度使、檢校太傅，娶故宋王次子于骨迪烈桑格麥女耶律氏。次曰寧，忠正軍節度使，檢校尚書左僕射。次曰安，房州觀察使、檢校兵部尚書。孫女三人：長歸於我仁孝皇帝爲妃。」表列封號與墓誌所記歧，應以墓誌爲可信。

〔一四〕蕭繼先，又作繼遠。本史卷七八本傳：「字楊隱，小字留只哥。」契丹國志卷一三作留住哥。

〔一五〕重熙十四年薨，年七十六歲。參見前注〔一三〕，此「奴婢萬口」即本史卷三七地理志一頭下徽州之「媵臣萬户」。

〔一六〕以上五字原缺，據注〔一三〕補。

〔一七〕全遼文卷八秦晉國妃墓誌銘：「故樞密使、北宰相、駙馬都尉諱曷寧，魏國公主小字長壽奴，考妣也。公主即景宗皇帝之幼女、聖宗皇帝之愛妹也。」曷寧即排押字韓隱異譯。墓誌銘既云幼女，則應在延壽女之後，閻萬章公主表補證以李信報告景宗子女年齡與表誌覈算，認爲延壽女與隆裕生年互舛，即隆裕長於延壽，而長壽比延壽年幼，正是景宗幼女。

〔一八〕蕭排押，又作排亞，本史卷八八本傳：「字韓隱。尚衛國公主，拜駙馬都尉。」

〔一九〕長編：「咸平六年七月，李信言：『景宗女三人：長曰燕哥，次曰長壽奴，次曰延壽奴，年二十七，適悖野母弟肯頭。』」

〔二〇〕蕭恒德本史卷八八本傳：「字遜寧，統和元年，尚越國公主，拜駙馬都尉。」恒德即李信報告之肯頭。契丹國志同。

〔二一〕以上五字原缺，據本史卷一三聖宗紀統和十五年七月及卷一一五高麗外記補。

〔二二〕以上七字原缺，據本史卷一三聖宗紀統和十四年三月及卷一一五高麗外記補。

〔二三〕以上四字原缺，據本史卷八八蕭恒德傳補。

〔二四〕淑哥在四女中年長，此列第四者以嫡庶序。

〔二五〕按本史卷一〇聖宗紀：「統和元年六月己丑有司奏：『同政事門下平章事、駙馬都尉盧俊與公主不協』，詔離之。十月戊子，以公主淑哥下嫁國舅詳穩照姑。」照姑應即神奴。改嫁應在下嫁欄，或另立一欄於下嫁之次。

〔二六〕本史卷七一興宗貴妃蕭氏傳：「小字三嬙，駙馬都尉匹里之女。」

〔二七〕以上七字原缺，據注〔二六〕補。

〔二八〕欽哀皇后，本史卷七一本傳同。出土哀册作欽愛皇后。（見全遼文卷二）

〔二九〕按本史卷一七聖宗紀太平七年七月，巖母堇作粘米衮。卷六八遊幸表景福元年七月作涅木衮。遼東行部志作晉國公主黏米。

〔三〇〕本史卷三七地理志：「成州，長慶軍，節度。聖宗女晉國長公主以上賜媵臣户置。」此處晉國長公主即爲巖母堇。

〔三一〕蕭啜不，本史卷一七聖宗紀太平七年七月作蕭鉏不。卷一八興宗紀太平十一年六月作蕭鉏不里。卷六二刑法志、卷七一后妃傳又作蕭浞卜。卷一六聖宗紀太平元年三月，「駙馬都尉蕭紹業建私城，賜名睦州，軍曰長慶。」蕭紹業即蕭啜不，睦州即巖母堇從嫁户。

〔三二〕本史卷八七蕭孝先傳：「孝先，字延寧，小字海里。」卷一一四逆臣蕭胡覩傳：「蕭胡覩，字乙辛。重熙中，尚秦國長公主，授駙馬都尉。以不諧離婚，復尚齊國公主。」卷九三蕭惠傳：「蕭惠字伯仁，小字脱古思，（重熙）十七年，尚帝姊秦晉國長公主，拜駙馬都尉。」

〔三三〕槊古，本史卷六八遊幸表景福元年作楚姑，遼東行部志作初古。

〔三四〕全遼文卷一〇妙行大師行狀碑：「有秦越國大長主，乃聖宗皇帝之女、興宗皇帝之妹、懿德皇后之母。懇祈出家，三請已，公主殊不許。師慕道愈切，數日不食，公主知師志不可奪，憫而從之。

清寧五年，大駕幸燕，秦越長主首參大師，便云弟子以所居宅第爲施，請師建寺。奏訖，准施。未及進馬造寺，公主薨變。懿德皇后爲母酬願，施錢十三萬貫，特爲奏聞，專管建寺。」

〔三五〕按蕭孝忠，即蕭孝惠，參本書卷七一宣懿皇后傳注〔一〕。本史卷八一蕭孝忠傳：「孝忠字撒板，小字圖古斯。開泰中，尚越國公主，拜駙馬都尉，累遷殿前都點檢。太平中，擢北府宰相。薨，追封楚國王。子阿速，終南院樞密使。」契丹國志卷一三聖宗蕭皇后傳：「弟徒古撒，又尚燕國公主。」徒古撒即圖古斯之異譯，亦即孝忠。遼東行部志：「懿州，寧昌軍，節度使。遼聖宗女燕國長公主初古所建。公主納國舅蕭孝惠，以從嫁户置立城市，遂爲州焉。舊名廣順軍。」全遼文卷七耶律元妻晉國夫人蕭氏墓誌銘：「太妃有五子。……次諱孝惠，北宰相，殿前都點檢，楚王。女三人，次法天應運仁德章聖皇太后。」故知蕭孝惠即蕭孝忠，乃聖宗欽哀皇后之弟，而道宗宣懿皇后之父也。本史卷三七地理志一：「上京道頭下軍州：懿州，廣順軍，節度。聖宗女燕國長公主以上賜媵臣户置。」又卷三八地理志二：「東京道：懿州，寧昌軍，節度。太平三年越國公主以媵臣户置。初曰慶懿軍，更曰廣順軍，隸上京。清寧七年宣懿皇后進入，改今名。」

〔三六〕以上十二字原缺，據注〔三四〕、〔三五〕補。

〔三七〕本史卷一七聖宗紀太平九年八月，「東京舍利軍詳穩大延琳因留守、駙馬都尉蕭孝先及南陽公主。」十年三月，「駙馬延寧（孝先字）與其妹穴地遁去，惟公主崔八在後，爲守陴者覺而止」。

〔三八〕本史卷八六劉六符傳：「三嘏與公主不諧，奔宋；歸，殺之。」宋會要蕃夷二：「仁宗慶曆五年（重熙十四年，一〇四五）十月，詔河北沿邊安撫司械送契丹駙馬都尉劉三嘏過涿州，以北界累移文請也。」

〔三九〕按本史卷一九興宗紀重熙十年十月，「以駙馬都尉蕭忽列爲國舅詳穩」。

〔四〇〕本史卷九三蕭圖玉傳：「圖玉字兀衍，統和十九年，總領西北路軍事，伐甘州，克肅州。師還，詔尚金鄉公主，拜駙馬都尉。會公主坐殺家婢，降封郡主，圖玉罷使相。」按卷一五聖宗紀：「開泰六年二月，以公主賽哥殺無罪婢，降公主爲縣主，削圖玉平章事。」

〔四一〕本史卷一五聖宗紀開泰二年正月，「以馬氏爲麗儀，耿氏淑儀，尚寢白氏昭儀，尚服李氏順儀，尚功艾氏芳儀，尚儀孫氏和儀」。耿氏、孫氏未生。

〔四二〕本史卷八七蕭撒八傳：「撒八，字周隱。尚魏國公主，拜駙馬都尉。」撒八漢名順，字無曲。

〔四三〕參見注〔三五〕。阿速爲蕭孝忠子。

〔四四〕本史卷九三蕭惠傳：「（惠）二子慈氏奴、兀古匿。」窩匿爲兀古匿之異譯。

〔四五〕大康元年蕭德温墓誌銘（見全遼文卷九）：「公有弟四人：德良，尚故齊國長公主（斡里太）。」蕭德良爲蕭余里也之漢名。斡里太大康元年已去世，壽昌年加號，未合。

〔四六〕本史卷一一一蕭余里也傳：「蕭余里也，字訛都椀，國舅阿剌次子。清寧初，尚鄭國公主。」參見注〔四五〕。

〔四七〕雍原作「和」，陳大任避金世宗雍諱改「和」，元人回改遺漏，今改回。

〔四八〕本史卷二三道宗紀大康二年六月作蕭霞抹。蕭霞抹應爲道宗惠妃蕭氏之叔，蕭德温（即雹里剌）之弟蕭德讓。全遼文卷九蕭德温墓誌銘：「弟四人……次曰德讓，諸行宫副都部署、駙馬都尉，尚帝之長女魏國公主。」

〔四九〕本史卷九九蕭撻不也傳：「蕭撻不也，字斡里端，國舅郡王高九之孫。大康元年，尚趙國公主，拜駙馬都尉。」卷二三道宗紀大康三年七月，「牌印郎君訛都斡尚皇女趙國公主，授駙馬都尉。」卷一一一蕭訛都斡傳：「蕭訛都斡，國舅少父房之後，咸雍中，補牌印郎君。……訛都斡尚皇女趙國公主，爲駙馬都尉。」

〔五〇〕「欲」字如非衍文，則撰史者度其意言之。參見注〔四九〕。

〔五一〕本史卷一〇〇蕭酬斡傳：「酬斡，字訛里本，國舅少父房之後，祖阿剌。父別里剌，以后父封趙王。酬斡年十四，尚越國公主，拜駙馬都尉。年十八，封蘭陵郡王。時帝欲立皇孫爲嗣，恐無以解天下疑，出酬斡爲國舅詳穩，降皇后爲惠妃。」

〔五二〕應州屬遼，「攻」字前應加「金人」二字。

〔五三〕大康八年應作大安二年。按本史卷二四道宗紀：「大康八年十二月庚申，降皇后爲惠妃。大安二年秋七月丁巳，惠妃母燕國夫人削古以厭魅梁王事覺，伏誅。子蘭陵郡王蕭酬斡除名，置邊郡，仍隸興聖宮。」是酬斡得罪在大安二年。下文「大安初，改適蕭特末」，「大安初」三字複文。

〔五四〕以上四字原缺。按本史卷二九天祚紀：「保大二年八月，親遇金軍，戰於石輦驛，敗績，都統蕭特末及其姪撒古被執。」石輦驛即石輦鐸。

〔五五〕以上十六字新增。金史卷八二蕭仲恭傳：「蕭仲恭本名术里者。父特末，爲中書令，守司空，尚主。遼帝西奔天德，仲恭母馬乏，不能進，謂仲恭兄弟曰：『汝等盡節國家，無以我爲也。』仲恭母，道宗季女也。遼主傷之，命弟仲宣留侍其母，仲恭從而西。後與遼主俱獲。」又同卷仲宣傳：「仲宣本名野里補，仲恭母弟。從天祚西，至石輦鐸，遼主留仲宣侍母，遂與其母皆見獲。」本史卷二九天祚紀保大三年四月庚子：「梁宋大長公主特里亡歸。」

〔五六〕本史卷一〇〇蕭酬斡傳：「天慶中，以妹復尊爲太皇太妃，召酬斡爲南女直詳穩，遷征東副統軍。時廣州渤海作亂，乃與駙馬都尉蕭韓家奴襲其不備，平之。」即此人。卷二九天祚紀保大三年四月：「駙馬都尉乳奴詣金降。」金史卷二太祖紀天輔七年（保大三年，一一二三）五月：「斡魯等以趙王習泥烈、林牙大石、駙馬乳奴等來獻。」

〔五七〕按金史卷七四宗望傳，天祚女爲金人所俘者，有骨欲、餘里衍、斡里衍、大奥野、次奥野，惟梁王雅里長女乘軍亂逃去。金主嘉宗望功，以遼蜀國公主餘里衍賜之。餘里衍即余里衍。房山石經題記有施主斡離也公主所造經。斡離也即斡里衍。金史卷一二九蕭裕傳：「蕭裕，本名遥折，奚人。與前真定尹蕭馮家奴、前御史中丞蕭招折、博州同知遥設、裕女夫遏剌補，謀立亡遼豫王延禧之孫。馮家奴妻，豫王女也。」呻吟語：「建安郡王歸自上京，攜所娶耶律氏、陳氏同居憫忠祠，耶律即契丹公主，陳實内夫人。」三朝北盟會編宣政上帙二四金虜節要：「二太子之妻余輦公主，乃遼主天祚之女。」大金國志卷三：「二太子之妻金（余）輦公主，乃遼主天祚之女」。

〔五八〕本史卷三七地理志渭州：「遼制：皇子嫡生者，其女與帝女同。」故隆慶女得稱韓國長公主。反之，稱公主者非必皆帝女。唐制：帝女封公主，皇姊妹封長公主，皇姑稱大長公主。遼沿此例但畧有變革。因之，散見紀、傳及石刻之稱公主、長公主等尊號者，非盡見於公主表之帝女，茲列舉如次，用資參查。

名號	屬	下嫁	參見
韓國長公主	景宗嫡子隆慶生。 尚秦晉國大長公主（即其胞姊）之女。	蕭昌裔	本史卷三七地理志一 全遼文卷六秦晉國大長公主墓誌銘
陳國公主		蕭紹矩	陳國公主耶律氏墓誌銘
吳國公主	陳國公主之姊。		陳國公主耶律氏墓誌銘
蒲割䫇公主			本史卷三太宗紀天顯十一年七月
藹因公主	太祖弟明王安端女。	蕭海瓈	本史卷七八蕭海瓈傳
阿不里公主	東丹王女。	蕭翰	本史卷一一三蕭翰傳
燕國公主	世宗妹。	劉珂	契丹國志卷一五
朴謹公主	罨撒葛之女。	蕭討古	本史卷八四蕭討古傳
胡獨公主		陶蘇斡	本史卷一〇七耶律奴妻蕭氏傳
因八公主	聖宗子興宗弟重元之女。	耶律弘益	全遼文卷一〇耶律弘益妻蕭氏墓誌銘
梟胡公主		索胡	全遼文卷七北大王耶律万辛墓誌銘
義平公主		蕭訖列（蕭僅祖）	蕭僅墓誌銘

遼史補注卷六十六

表第四

皇族表

遼太祖建國，諸弟窺覦，含容誘掖，弗忍致辟，古聖人猶難之。雖其度量恢廓，然經國之慮遠矣。終遼之世，其出於橫帳、五院、六院之間者，大憝固有，元勳實多。不表見之，莫知源委。作皇族表。

一世	五院夷離菫房洽昚。
二世	
三世	
四世	五院夷離菫敵魯古。
五世	北院大王圖魯窘。〔一〕
六世	
七世	
八世	
九世	

六院郎君房葛剌。

不知世次：

太子太傅棠古。

侍中陳家奴〔二〕。

右系出肅祖昭烈皇帝。

六院夷離堇房帖剌。〔三〕

夷離堇罨古只。

于越轄底。

迭里特。

六院部舍利房褭古直。〔四〕

不知世次：

北院夷離堇斜涅赤。

姪右皮室詳穩老古。

大王頗德。

政事令撻烈。

北院大王曷魯〔五〕。

南院大王吾也。

簡獻皇帝兄匣馬葛。〔六〕	
遙輦可汗時，本部夷離堇偶思。	
阿魯敦于越曷魯。	
愓剌。撒剌。	
	太師斜軫。
	小將軍狗兒。

右系出懿祖莊敬皇帝。

橫帳孟父房巖木楚國王。〔七〕		
迭剌部夷離堇胡古只。	迭剌部夷離堇末掇。	迭剌部夷離堇楚不魯。
撻馬狘沙里神速。〔八〕		北院樞密使安摶。〔九〕

左皮室詳穩撒給。

孟父房不知世次：

惕隱朔古。

于越屋質。

節度劉家奴。

昭德節度孟簡。

党項節度使唐古。

孟父房楚國王之後，不知世次：

匡義節度大悲奴。

惕隱何魯掃古。

滌冽。

撒剌竹。〔一〇〕

漆水郡王頹昱。〔一一〕

北院宣徽使敵祿。

右皮室詳穩奚低。

南院大王善補。

				仲父房隋國王釋魯。				
				滑哥。	綰思。〔一四〕			
				痕只。	于越注。			
					惕隱學古。	東路統軍使烏古不。〔一五〕	國留。	昭德節度資忠。	昭。
侍中化哥。于越弘古。〔一二〕	北院宣徽使馬六。	燕王瑰引。						
	南京宣徽使奴古達。	于越仁先。〔一三〕惕隱許王義先。南面林牙信先。						

太祖從姪，不知所出。

于越休哥。〔一六〕

于越高十。

仲父房，不知世次：

匡義節度馬哥。

北院大王的祿。

北面林牙韓留。

武定節度仙童。〔一七〕

西北招討使塔不也。

于越魯不古。〔一八〕

西平郡王賢適。

大同節度觀音。

右系出玄祖簡獻皇帝。

季父房夷離堇剌葛。

賽保。〔一九〕

中京留守拔里。〔二〇〕

左大相迭剌。	許國王寅底石。					明王安端。	南府宰相蘇。		鐸穩。〔二五〕
		劉哥。	盆都。〔二三〕	化葛里。	奚蹇。	察割。			
鎮國節度合住。〔二一〕	中書令阿烈。						尚父奴瓜。		
									太師豁里斯。
							北院樞密使頗的。	惕隱蒲古。	惕隱燕哥。
							北院樞密使霞抹。〔二四〕	鐵驪。	
	混同郡王斡特剌。〔二二〕								

季父房，不知世次：

平章的烈。

中京路案問使和尚。

林牙高家。〔二六〕

漆水郡王撻不也。

南府宰相鐸魯斡。〔二七〕

烏古部節度使普古。

北面大王特麽。

先鋒都監張奴。

林牙庶成。

檢校太師吳九。

都林牙庶箴。

罨古只。

朗。〔二八〕

右系出德祖宣簡皇帝。

讓國文獻皇帝倍。

平王隆先。

陳哥。

晉王道隱。

婁國。

章肅皇帝李胡。	宋王喜隱。	留禮壽。
	衛王宛。	
惕隱牙里果。	南府宰相敵烈。	
	室魯。	
	北院大王奚底。	

右系出太祖天皇帝。

冀王敵烈。	蛙哥。

右系出太宗孝武惠文皇帝。

皇太弟隆慶。	魏國王查葛。

					齊國王隆祐。	
幽王遂哥。	陳王謝家奴。	遼西郡王驢糞。	漆水郡王蘇撒。		周王胡都古。	魏王合祿。〔二九〕
			祇候郎君王家奴。	祇候郎君羅漢奴。		

重元。	燕王吳哥。
涅魯古。	
	敵烈。朮烈，稱帝。

右系出景宗孝成康靖皇帝。

皇太叔和魯斡。		
漆水郡王石篤。	匡義節度遠。	秦晉國王淳，稱帝。

右系出聖宗文武大孝宣皇帝。

右系出興宗神聖孝章皇帝。

〔一〕按本史卷七五本傳：「肅祖子洽昚之孫，其父敵魯古。」行輩與此不合。以下凡行輩舛誤及名字脱漏者，並存原式。
〔二〕按本史卷九五本傳：「懿祖弟葛剌之八世孫。」行輩不合。
〔三〕錢氏考異卷八三謂：「帖剌也，蒲古只也，匣馬葛也，蓋一人而三名也。」此分帖剌、匣馬葛爲二，誤。近年有論蒲古只、匣馬葛、帖剌非一人者，亦可備一説。
〔四〕舍利即郎君，本史卷七七撻烈傳、卷一〇八乙不哥傳並作六院部郎君裹古直之後。
〔五〕曷魯，本史卷二五道宗紀大安八年十一月及卷一一一本傳作合魯。其弟吾也。
〔六〕見注〔三〕。
〔七〕楚國王，本史卷七七耶律頽昱傳同。卷二〇興宗紀重熙二十一年七月、卷六四皇子表並作蜀國王。又「楚國王」三字應移「巖木」之前。
〔八〕撻馬狘前原有「捕」字，衍文從删。
〔九〕按本史卷七七本傳：「祖楚不魯，父迭里，姪撒給。」表行輩不合，缺迭里。
〔一〇〕按滌洌與撒剌竹之間世次原不明確。檢本史卷一一四撒剌竹傳稱「孟父房滌洌之孫」。今於二人之間空一格。

〔一一〕按本史卷七七本傳：「父末掇。」頽昱應在二世迭剌部夷離堇末掇之下，非不知世次。

〔一二〕本史卷九五耶律弘古傳，弘古爲化哥弟，二人應平列。

〔一三〕本史卷九六本傳：父瑰引。表誤爲祖。又有子撻不也。按全遼文卷八耶律仁先墓誌銘：「遠祖曰仲父述剌實魯于越，即第二横帳。父諱思忠，聖宗皇帝朝，品南宰相。弟曰義先，大内惕隱，富春郡王。曰禮先，團練使。曰智先，防禦使。曰信先，南面林牙。子曰慶嗣，北面林牙。」思忠當即本傳之瑰引，慶嗣當即本傳之撻不也。實魯即釋魯，屬仲父房即第二横帳，表作孟父房，未合。弟禮先、智先及子慶嗣，表並缺。

〔一四〕綰思，據本史卷七七耶律涅傳增。

〔一五〕烏古不，本史卷八三本傳作烏不吕。

〔一六〕本史卷七七耶律涅傳及卷八三休哥傳並稱父綰思，又休哥尚有子高八、高九、道士奴，表並缺。

〔一七〕武定，原誤定武，據本史卷九五本傳及卷四一地理志五、卷四八百官志四改。

〔一八〕魯不古、賢適、觀音祖孫不屬仲父房。魯不古爲剌葛之子，太祖之姪，非從姪，應屬季父房，參本書卷一〇〇耶律習涅補傳及其注〔一〕。

〔一九〕按本史卷一太祖紀神册二年六月作賽保里。

〔二〇〕按本史卷七六本傳作拔里得。

〔二一〕按本史卷八六本傳：「太祖弟迭剌之孫。」卷八景宗紀作昌朮。漢名琮，見太平治蹟統類卷二。

耶律琮神道碑：「烈祖諱匀覩衮，乃大聖皇帝之同母弟。」匀覩衮即迭剌字雲獨昆。碑稱：「長男鎮國軍節度昌言，次男鎮國軍節度昌時，季男阿難奴，孫男和尚奴。」（殘碑文見全遼文卷四，但脱落不全，本注碑文係引自李逸友刊布稿。）表並缺。

〔二二〕按本史卷九七本傳：「許國王寅底石六世孫。」行輩不合。

〔二三〕原作「盆哥」，據本史卷五世宗紀天禄二年正月、卷六一刑法志上及卷一一三本傳改。

〔二四〕按本史卷八六耶律頗的傳：「子霞抹，北院樞密副使。」

〔二五〕本史卷六四皇子表，太祖異母弟蘇字雲獨昆；卷一一〇耶律燕哥傳，稱「四世祖鐸穩，太祖異母弟」。疑鐸穩即是雲獨昆。

〔二六〕本史卷二〇興宗紀重熙十九年二月作南面林牙高家奴。

〔二七〕鐸原作「釋」，據本史卷二六道宗紀壽隆二年十二月及卷一〇五本傳改。

〔二八〕本史卷一一三耶律朗傳：「朗祖罨古只爲其弟轄底詐取夷離堇。」卷一一二轄底傳：「轄底，肅祖孫夷離堇帖剌之子，異母兄罨古只。」罨古只、朗並應在帖剌欄内。

〔二九〕隆祐亦作隆裕，三子：長周王胡都古；次吴王合禄；幼子魏王貼不。此脱貼不及吴王。誤以魏王屬合禄。

遼史補注卷六十七

表第五

外戚表

漢外戚有新室之患，晉宗室有八王之難。遼史耶律、蕭氏十居八九，宗室、外戚，勢分力敵，相爲唇齒，以翰邦家，是或一道。然以是而興，亦以是而亡，又其法之弊也。

契丹外戚，其先曰二審密氏：曰拔里，曰乙室已。至遼太祖，娶述律氏。述律，本回鶻糯思之後。大同元年，太宗自汴將還，留外戚小漢爲汴州節度使，賜姓名曰蕭翰，以從中國之俗，由是拔里、乙室已、述律三族皆爲蕭姓。〔一〕拔里二房，曰大父、少父；乙室已亦二房，曰大翁、小翁；世宗以舅氏塔列葛爲國舅別部。〔二〕三族世預北宰相之選，自太祖神册二年命阿骨只始也。〔三〕聖宗合拔里、乙室已二國舅帳爲一，與別部爲二。此遼外戚之始末〔四〕也。作外戚表。〔五〕

〔一〕新五代史卷七二四夷附録：「(蕭)翰，契丹之大族，其號阿鉢，翰之妹亦嫁德光。而阿鉢本無姓氏。契丹呼翰爲國舅，及將以爲節度使，李崧爲製姓名曰蕭翰，於是始姓蕭。」前此冠蕭姓者均係追加。

〔二〕此世宗舅氏塔列葛，本史卷九〇有傳作：「蕭塔剌葛，字陶哂，六院部人。」與卷八五有傳之蕭塔列葛同名。此另一蕭塔列葛字雄隱，五院部人，仕興宗朝，亦作蕭塔烈葛。

〔三〕按本史卷一太祖紀，在神册三年十二月。

〔四〕馮永謙外戚表補正謂后族先世，由兩系發展而來。本史卷三太宗紀：「天顯十年四月，皇太后父族及母前夫之族二帳並爲國舅，以蕭緬思爲尚父領之。」此國舅二帳：糯思爲淳欽皇后父族，胡母里爲淳欽皇后母前夫之族。淳欽后「母前夫之族」有姊弟三人，即老古之母，欲穩及敵魯。同父母姊弟亦三人，即淳欽后、室魯及阿古只。

〔五〕百衲本，同文本原表脱誤者，點校本署加注説，未作補正。又凡叛逆奸臣原表均剔除，今據紀、傳及出土碑誌，一律增補訂正，注明事迹。

戚	一世	二世	三世	四世	五世	六世	七世	彼世	九世	十世	十一世
乙室己國舅大翁帳											
蕭氏：	五世祖欲穩。〔二〕 胡母里。〔一〕										

乙室己國舅小翁帳

蕭氏天祚德妃父常哥：（義）

五世祖胡母里。

敵魯。〔三〕

翰。一名敵烈，字寒真。〔四〕

討古。字括寧，平章事。〔六〕

恭。平章事，贈守司空中書令。〔七〕

約直。

宗石。遼史本傳作實老，贈中書令。〔八〕

重。燕京右宣徽使。

輔。東京四軍都兵馬使。

義。字子常，遼史作蕭常哥，小字胡獨堇。北宰相。次女師姑，爲天祚德妃。〔九〕

冲之。左奉宸，州刺史。

失名。

蘇斡。

特末。

	聖宗仁德皇后父隗因：	景宗睿智皇后父思温：
	忽沒里。敵魯族弟，原表作忽里沒。契丹國志作解里鉢。〔一〇〕	
幹。小字項烈，字婆典。〔五〕	胡魯古。〔一一〕 尼古只。〔一二〕	思温。北府宰相，契丹國志作守興。〔一四〕
	隗因。〔一三〕	繼先。一作繼遠，字楊隱，小字留只哥。契丹國志
	涅卜。	紹宗。公主表作匹里。遼興軍節度使。〔一六〕
		永。彰武軍節度使。 寧。忠正軍節度使。

興宗貴妃蕭氏父匹里（紹宗）：	
	馬羣侍中朮魯烈。〔一七〕
作留住哥，北府宰相。思温無嗣，睿智皇后命爲後。〔一五〕	蘭陵郡王撻凜。
	南京統軍惱古。
安。房州觀察使。	
蒲打。	

拔里國舅少父房

太祖淳欽皇后父月椀：世宗懷節皇后
阿札割只月椀。
北府宰相阿古只。〔一八〕
安團一名演烏盧。〔一九〕
割烈。〔二〇〕
排押。字韓隱，一名曷寧，又名寧，遼史聖

父阿古只：						
宗紀作排亞，契丹國志作悖野。〔二二〕					札剌。字虛輦。〔二三〕	恒德。字遜寧。遼
	惠。字伯仁。〔二四〕		虛列。〔二五〕	柳。字徒門。〔二六〕		匹敵。字蘇隱，一
	兹氏奴。	兀古匿。〔二八〕				
		蒲離不。字桜懶。〔二九〕				

	聖宗欽哀皇后父陶隗：興宗仁懿皇后父孝穆：道宗惠妃父別里剌：		
史中又作肯德、勤德、懇德、金德，契丹國志作肯頭、懇得。〔二三〕	陶隗。國舅詳穩。又作突、忽諧里、和。〔三〇〕		
名昌裔。〔二七〕	孝穆。大丞相。小字胡獨菫。〔三一〕		
	阿剌。北院樞密使。字阿里懶，漢名知足。遼史興宗紀作阿剌里。〔三二〕		
	別里剌。趙國王。一作鼈里剌。漢名德溫。〔三四〕		德良。一
	酬斡。蘭陵郡王。字訛里本。一名酬窩。〔三七〕	烏魯八。	

撒八。北

名余里也。字訛都椀。〔三五〕

德恭。中正軍節度使。

德儉。章愍宮漢兒都部署。

德讓。駙馬都尉。公主表作蕭末。〔三六〕

	天祚皇后蕭氏 天祚元妃蕭氏父撒磨：				
	孝先。北院樞密使，字延寧，小字海里。〔三八〕				孝誠。蘭陵郡王。
院宣徽使。字周隱，漢名無曲。聖宗紀作順。〔三三〕	撒磨。使相。又作撒鉢。〔三九〕				朮哲。北府宰相。
	得里底。蘭陵郡王。字糺鄰，漢名	奉先〔四〇〕	保先。〔四一〕	嗣先。〔四二〕	撻不也。字斡里
	麼撒。又作磨撒、磨哥、昂。〔四三〕	昱。〔四四〕			

		道宗宣懿皇后父孝忠：
小名高九。〔四五〕	孝友。北府宰相。字撻不衍，小字陳留。〔五一〕	孝忠。北院樞密使。字撒
字石魯隱。〔四六〕	胡覩。樞密副使。一作胡睹，字乙辛。〔五二〕	阿速。南院樞密使。
端。〔四七〕 陳留。〔四八〕 訛都斡。 牌印郎君。〔四九〕 藥師奴。 漢名德崇。〔五〇〕		

揑列。宰相。敵烈傳作揑。			
	韓家。漢人行宮都部署。一作韓家奴。〔五五〕		板，小字圖古斯。又作孝惠、撒八、撒八寧、徒古撒。〔五三〕
敵烈。字涅魯袞。〔五六〕		敵烈。〔五四〕	

		次：少父房，不知世	
烈。			
		勞古。聖宗詩友。	乙薛。中書令。字
		朴。南院樞密使。字延寧，一作普古。〔五九〕	
拔剌。國舅詳穩，字別勒隱。〔五七〕		鐸剌。國舅詳穩。	
	忽古。龍虎衛上將軍。字阿斯憐。〔五八〕		

特免。〔六〇〕	訛都斡。始平節度使。	雙古。國舅詳穩。舊表作雙谷。
		迭里得。南京統軍使。字胡覩堇。〔六一〕黃八。

拔里國舅大父房

太宗靖安皇后父室魯：	
室魯。駙馬都尉。〔六二〕	勉思。一作緬思〔六三〕

大父房，不知世次：

和尚林牙。〔六四〕

特末。北院宣徽使。漢名英。〔六五〕

革。北院樞密使。〔六六〕

不知世次

穆宗皇后蕭氏父知璠：

知璠。〔六七〕

國舅別部不知世次：

只魯。北府宰相。

塔列葛。世遷北府宰相。只魯八世孫。〔六八〕

	塔列令穩。
	海璆。總知軍國事，北府宰相。〔七〇〕
	圖玉。烏古節度使，字兀衍。〔七一〕
	雙古。南京統軍使。
	訛都斡。敵烈統軍使。一作訛篤斡。
臺哂。只魯七世孫。	
塔剌葛。北府宰相，字陶哂。〔六九〕	

〔一〕此係附注性質，胡母里與敵魯隔三世。

〔二〕本史卷七四韓知古傳：「韓知古，太祖平薊時，爲淳欽皇后兄欲穩所得。」欲穩屬述律后母前夫之族，乙室已國舅帳之大翁帳。

〔三〕全遼文卷九蕭義墓誌銘作迪烈寧：「其先迪烈寧，太祖姑表弟，應天皇后之長兄也。」本史卷七三蕭敵魯傳：「蕭迪魯，字敵輦，其母爲德祖女弟，而淳欽皇后又其女兄也。五世祖曰胡母里。」

〔四〕翰本傳在本史卷一一三逆臣傳，原表將翰剔除，兹據本傳補入。卷二太祖紀天贊元年四月作迭烈。敵魯二子，翰、幹，討古爲蕭幹之姪，應即蕭翰之子。

〔五〕蕭幹，本史卷八四有傳。

〔六〕討古，本史卷八四有傳。

〔七〕恭以下十人，内一人失名字。並據全遼文卷九蕭義墓誌銘及本史卷八二蕭常哥傳補。

〔八〕本史卷八二蕭常哥傳：「祖約直，同政事門下平章事；父實老，累官節度使。」

〔九〕全遼文卷九蕭義墓誌銘：「公諱義，字子常。女三人，今皇帝贊睿德妃，即其次也。」

〔一〇〕本史卷七八蕭思温傳：「蕭思温，小字寅石，宰相敵魯之族弟忽没里之子。」契丹國志卷一五：「蕭守興，番名餵呱，侍中解里鉢長子也。守興以后父爲侍中，共當國政。」

〔一一〕本史卷八景宗紀：「保寧五年三月，追封皇后祖胡母里爲韓王，贈伯胡魯古兼政事令，尼古只兼侍中。」

〔一二〕參見注〔一一〕。

〔一三〕本史卷七一聖宗仁德皇后蕭氏傳：「聖宗仁德皇后蕭氏，小字菩薩哥，睿智皇后弟隗因之女。」因睿智皇后父思温無嗣，則隗因應爲胡魯古或尼古只所出。

〔一四〕本史卷七八蕭思温傳：「太宗時爲奚秃里太尉，尚燕國公主。……保寧初，爲北院樞密使，兼北府宰相，仍命世預其選。上册思温女爲后。」並參見注〔一〇〕。

〔一五〕繼先，本史卷七八本傳亦作繼先。卷一一、一二、一四聖宗紀及全遼文卷六秦晉國大長公主墓誌銘並作繼遠。

〔一六〕紹宗以下五人並見全遼文卷六秦晉國大長公主墓誌銘。紹宗，本史卷六五公主表作匹里。卷七一后妃傳：「興宗貴妃蕭氏，小字三嬗，駙馬都尉匹里之女。」

〔一七〕朮魯烈，本史卷八五蕭撻凜傳作朮魯列。

〔一八〕本史卷七三阿古只傳：「阿古只，字撒本。子安團，官至右皮室詳穩。」

〔一九〕全遼文卷八秦晉國妃墓誌銘：「故迷古寧詳穩諱演烏盧，夫人耶律氏，小字涅琴姑，即大王父母也。」

〔二〇〕全遼文卷八秦晉國妃墓誌銘：「故燕京留守衙内都指揮使駙馬都尉諱割烈，永徽公主小字仙河，即王父母也。」

〔二一〕全遼文卷八秦晉國妃墓誌銘：「故樞密使北宰相駙馬都尉諱曷寧，魏國公主小字長壽奴，考妣也。」本史卷八八蕭排押傳：「蕭排押，字韓隱，國舅少父房之後。」排押，本史卷一一聖宗紀統和四年五月、十一月，卷一二聖宗紀統和七年四月均作排亞。契丹國志卷一三作悖野。

〔二二〕本史卷一〇六蕭札剌傳：「蕭札剌，字虚輦，北府宰相排押之弟。」

〔二三〕本史卷八八蕭恒德傳：「恒德，字遜寧。後追封蘭陵郡王，子匹敵。」恒德，卷一〇聖宗紀統和元年十月作肯德，二年四月作勤德，三年八月作懇德；卷三七地理志一作金德。契丹國志卷一三作肯頭、懇得。

〔二四〕本史卷九三蕭惠傳：「蕭惠，字伯仁，小字脱古思，淳欽皇后弟阿古只五世孫。弟虛列，武定軍節度使。二子：慈氏奴，兀古匿。」

〔二五〕虛列，本史卷二〇興宗紀重熙二十一年十二月，卷二一興宗紀清寧元年八月並作虛烈。

〔二六〕本史卷八五蕭柳傳：「蕭柳，字徒門，淳欽皇后弟阿古只五世孫。幼養于伯父排押之家。」卷一七聖宗紀太平六年二月：「以國舅帳蕭柳氏、徒魯骨領西北路十二班軍、奚王府舍利軍。」

〔二七〕本史卷八八蕭匹敵傳：「匹敵，字蘇隱，一名昌裔。」契丹國志卷一三：「駙馬蕭懇得一子匹梯。」

〔二八〕舊表誤乙古匿。本史卷六五公主表興宗長女跋芹又嫁蕭窩匿。

〔二九〕本史卷一〇六蕭蒲離不傳：「蕭蒲離不，字桵懶，魏國王惠之四世孫。」

〔三〇〕契丹國志卷一三：「聖宗皇后蕭氏，父突忽，追封陳王。」全遼文卷七耶律元妻晉國夫人蕭氏墓誌銘：「父諱諧里，贈魏王。」全遼文卷九蕭德温墓誌銘：「故贈晉國王，諱和，秦國太妃耶律氏，曾王父母也。」

〔三一〕本史卷八七蕭孝穆傳：「蕭孝穆，小字胡獨堇，淳欽皇后弟阿古只五世孫。」

〔三二〕本史卷九〇蕭阿剌傳：「蕭阿剌，字阿里懶，北院樞密使孝穆之子也。」全遼文卷九蕭德温墓誌銘：

「陳王，贈大丞相，諱知足，則烈考也。」本史卷一八興宗紀重熙六年六月作蕭阿剌里。

〔三三〕本史卷八七蕭撒八傳：「撒八，字周隱。尚魏國公主，拜駙馬都尉，爲北院宣徽使。」全遼文卷九蕭德温墓誌銘：「齊王，諱無曲，則叔也。」本史卷一六聖宗紀太平四年六月：「以燕王蕭孝穆子順爲千牛衛將軍。」

〔三四〕本史卷二三道宗紀大康二年六月：「册皇后蕭氏，封其父祗候郎君鼈里剌爲趙王。」后後降惠妃。全遼文卷九蕭德温墓誌銘：「公諱德温，字好謙。」德温以下七人並見蕭德温墓誌銘。

〔三五〕本史卷一一一蕭余里也傳：「蕭余里也，字訛都椀，國舅阿剌次子。」

〔三六〕本史卷六五公主表：「道宗長女撒葛只下嫁蕭末。」一説蕭末即爲霞抹，則惠妃爲蕭末之姪而非妹。卷七一后妃傳：「道宗惠妃蕭氏，小字坦思，駙馬都尉霞抹之妹。」按惠妃父别里剌僅二子，長子蕭酬斡亦爲駙馬都尉，但據卷一〇〇本傳及卷二八興宗紀，酬斡卒於天慶六年。次子蕭烏魯八僅在蕭德温墓誌銘中叙及，史無記述。若后妃傳所記無誤，道宗惠妃確爲駙馬都尉霞抹之妹，則霞抹只能爲蕭烏魯八，因據本史卷二三道宗紀所載：蕭霞抹卒於大康二年七月，與蕭酬斡卒年相距甚遠，確非一人。按本史卷二三道宗紀大康二年六月：「册皇后蕭氏，封其叔西北路招討使余里也遼西郡王，兄漢人行宫都部署、駙馬都尉霞抹柳城郡王。」

〔三七〕本史卷一〇〇蕭酬斡傳：「蕭酬斡，字訛里本，國舅少父房之後。祖阿剌，終採訪使。父别里剌。天慶中，復敗敵將侯槩于川州。是歲，東京叛，遇敵來擊，師潰；獨酬斡率麾下數人力戰，殁於陣。」全遼文卷九蕭德温墓誌銘：「有子二人，長曰酬窩，太子衛率府率。」

〔三八〕本史卷八七蕭孝先傳：「孝先，字延寧，小字海里。尚南陽公主。」卷六五公主表：「聖宗第四女崔八，下嫁蕭孝先。」

〔三九〕本史卷一〇〇蕭得里底傳：「蕭得里底，字紇鄰，晉王孝先之孫。父撒鉢，歷官使相。」

〔四〇〕蕭得里底，本史卷一〇〇有傳，蕭奉先，卷一〇二有傳，兩傳事迹相重，可能是一人二傳，即蕭奉先可能爲蕭得里底之漢名。雖尚有疑問，表中暫列爲一人，參見本書卷一〇〇蕭得里底傳注〔一〕。

〔四一〕本史卷七一后妃傳：「天祚皇后蕭氏。兄弟奉先、保先等緣后寵柄任。」

〔四二〕本史卷一〇二蕭奉先傳：「上命奉先弟嗣先爲都統。」

〔四三〕麽撒，此據本史卷一〇〇蕭得里底傳。外戚表原作磨撒。金史卷七七撻懶傳、卷一三三耶律余覩傳並作磨哥。本史卷一〇二作昂。

〔四四〕本史卷一〇二蕭奉先傳：「女直兵斬其長子昂，送奉先及次子昱於其國主。」

〔四五〕本史卷九一蕭朮哲傳：「蕭朮哲，字石魯隱，孝穆弟高九之子。」

〔四六〕本史卷二二道宗紀咸雍二年七月作朮者。

〔四七〕本史卷九九蕭撻不也傳：「蕭撻不也，字斡里端，國舅郡王高九之孫。」卷六五公主表：「道宗第二女糺里，下嫁蕭撻不也。」

〔四八〕本史卷二三道宗紀大康三年六月：「乙酉，殺耶律撻不也及其弟陳留。」耶律撻不也爲蕭撻不也之誤。

〔四九〕本史卷一一一蕭訛都斡傳：「蕭訛都斡，國舅少父房之後。咸雍中，補牌印郎君。訛都斡尚皇女趙國公主，爲駙馬都尉。」卷六五公主表：「駙馬都尉撻不也坐昭懷太子事被害，其弟訛都斡欲逼尚公主，公主以訛都斡黨乙辛，惡之。」

〔五〇〕本史卷九一蕭朮哲傳：「姪藥師奴。」卷九一蕭藥師奴傳：「大康中，爲興聖宮使。遷右夷離畢。夏王李乾順爲宋所攻，求解，帝命藥師奴持節使宋，請罷兵通好，宋從之。」卷二六道宗紀壽隆四年十一月：「知右夷離畢事蕭藥師奴、樞密直學士耶律儼使宋，諷與夏和。」長編宋哲宗元符二年（一〇九九）三月丙辰（十三日）：「遼國泛使左金吾衛上將軍、簽書樞密院事蕭德崇、副使樞密直學士、尚書禮部侍郎李儼，見於紫宸，曲宴垂拱殿。其遣泛使止爲夏國遊説息兵及還故地也。」宋會要蕃夷二所記並同，但作三月十二日。

〔五一〕本史卷八七蕭孝友傳：「孝友，字撻不衍，小字陳留。太平元年，加左武衛大將軍、檢校太保，賜名孝友。坐子胡覩首與重元亂，伏誅。」契丹國志卷一三作陳六。

〔五二〕本史卷一一四蕭胡覩傳：「蕭胡覩，字乙辛。尚秦國長公主。以不諧離婚，復尚齊國公主。」

〔五三〕本史卷八一蕭孝忠傳：「蕭孝忠，字撒板，小字圖古斯。尚越國公主。累遷殿前都點檢。太平中，擢北府宰相。重熙七年，爲東京留守。十二年，入朝，封楚王。子阿速，終南院樞密使。」全遼文卷七耶律元妻晉國夫人蕭氏墓誌銘：「次諱孝惠，北宰相，殿前都點檢，楚王。」遼東行部志：

「懿州，遼聖宗女燕國長公主初古所建。公主納國舅蕭孝惠以從嫁户置立城市。」兩文中蕭孝惠均即蕭孝忠。本史卷六五公主表：「聖宗第三女槊古，下嫁蕭孝忠。」全遼文卷一〇妙行大師行狀碑：「師契丹氏，諱志智，字普濟，國舅大丞相楚國王之族。有秦越國大長主，乃聖宗皇帝之女、興宗皇帝之妹、懿德皇后之母。」此秦越國大長公主即塑古，亦即初古，即下嫁蕭孝忠之聖宗第三女。可知本史卷七一后妃傳所叙道宗宣懿皇后係蕭惠之女有誤，宣懿皇后父應爲蕭孝忠，亦即蕭孝惠。卷一八興宗紀重熙六年六月之北宰相蕭撒八，七年十二月之北府宰相撒八寧，卷一九興宗紀重熙十年四月之東京留守蕭撒八，十月之北宰相、駙馬撒八寧亦均爲蕭孝忠字撒板之異譯。

〔五四〕本史卷一一四蕭胡覩傳：「胡覩族弟敵烈爲北剋。帝以敵烈爲旗鼓拽剌詳穩。」

〔五五〕本史卷九二蕭韓家傳：「蕭韓家，國舅之族。」卷二三道宗紀大康三年七月、八月並作蕭韓家奴。

〔五六〕本史卷八八蕭敵烈傳：「蕭敵烈，字涅魯衮，宰相撻烈四世孫。弟拔剌。」此敵烈仕統和、開泰間，與上文胡覩族弟非一人。

〔五七〕本史卷八八蕭拔刺傳：「拔刺，字别勒隱。……起爲昭德軍節度使，尋改國舅詳穩。」舊表臨海軍節度使拔刺在下格。

〔五八〕本史卷九九蕭忽古傳：「蕭忽古，字阿斯憐。」舊表原與拔刺同行輩。據卷八八蕭敵烈傳「族子忽古，有傳」改。

〔五九〕本史卷八〇蕭朴傳：「蕭朴，字延寧，國舅少父房之族。父勞古，以善屬文，爲聖宗詩友。重熙初，朴徙王楚，升南院樞密使。四年，王魏。子鐸剌，國舅詳穩。」朴，卷一七聖宗紀太平五年十二月，卷一八興宗紀景福元年七月，重熙三年二月、六月均作普古。

〔六〇〕本史卷一〇一蕭乙薛傳：「蕭乙薛，字特免，國舅少父房之後。」

〔六一〕本史卷一一四蕭迭里得傳：「蕭迭里得，字胡覩堇，國舅少父房之後。父雙古，尚鈿匿公主，仕至國舅詳穩。族弟黄八。」

〔六二〕本史卷六五公主表：「太祖女質古，下嫁淳欽皇后弟蕭室魯。」卷一太祖紀神册二年三月作實魯。契丹國志卷一三作蕭延思。

〔六三〕本史卷三太宗紀天顯十年四月：「皇太后父族及母前夫之族二帳並爲國舅，以蕭緬思爲尚父領之。」

〔六四〕本史卷八六蕭和尚傳：「蕭和尚，字洪寧，國舅大父房之後。……弟特末。」

〔六五〕本史卷八六蕭特末傳：「特末，字何寧。」英爲特末漢名，並見卷一九興宗紀重熙十年十二月、長編、契丹國志。

〔六六〕本史卷一一三蕭革傳：「蕭革，小字滑哥，字胡突堇，國舅房林牙和尚之子。」

〔六七〕本史卷七一后妃傳：「穆宗皇后蕭氏，父知璠，内供奉翰林承旨。」契丹國志卷一三並同。

〔六八〕本史卷八五蕭塔列葛傳：「蕭塔列葛，字雄隱，五院部人。八世祖只魯，遥輦氏時嘗爲虞人。唐安禄山來攻，只魯戰于黑山之陽，敗之。以功爲北府宰相，世預其選。」

〔六九〕本史卷九〇蕭塔剌葛傳：「蕭塔剌葛，字陶哂，六院部人。太祖時，坐叔祖臺哂謀殺于越釋魯，没入弘義宫。天禄末，塔剌葛爲北府宰相。」

〔七〇〕本史卷七八蕭海瓈傳：「蕭海瓈，字寅的哂，其先遥輦氏時爲本部夷離堇；父塔列，天顯間爲本部令穩。天禄間，娶明王安端女藹因翁主。應曆初，繼娶嘲瑰翁主。」

〔七一〕本史卷九三蕭圖玉傳：「蕭圖玉，字兀衍，北府宰相海瓈之子。詔尚金鄉公主，拜駙馬都尉，加同政事令門下平章事。子雙古，南京統軍使。孫訛篤斡，尚三韓郡王合魯之女骨浴公主，終烏古敵烈部統軍使。」

遼史補注卷六十八

表第六

遊幸表

朔漠以畜牧射獵爲業，猶漢人之劭農，生生之資於是乎出。自遼有國，建立五京，置南北院，控制諸夏，而遊田之習，尚因其舊。太祖經營四方，有所不暇；穆宗、天祚之世，史不勝書。今援司馬遷別書封禪例，列於表，觀者固足以鑒云。作遊幸表。

	正月	二月	三月	四月	五月	六月	七月	八月	九月	十月	十一月	十二月
太祖元年	紀命有司設壇于如迂王集會	紀征黑車子室韋。								紀討黑車子室韋。		

	堝，燔柴告天，即皇帝位。											
二年	紀御正殿受百官及諸國使朝。											
三年	紀幸遼東。											
五年	紀親征西部奚。		紀次灤河，刻石紀功。復畧地薊州。									

六年	七年
	紀師次赤水城。
紀親征劉守光。	
紀至自幽州。	紀次蘆水。上至土河。
	紀北追剌葛。次彌里。至達里淀。次札堵河。
	紀還至大嶺。至庫里。
	紀至榆嶺。登都庵山。次狼河。次阿敦濼。至石嶺西。
紀親征朮不姑。	次烏林河〔一〕觀漁。
紀次恩德山。	紀幸龍眉宮。
	紀發自西樓。
紀還次北阿魯山，引軍南趨十七濼。翼日，次七渡河。	紀駐赤崖。
	紀祠木葉山。還次昭烏山。
	紀燔柴于蓮花濼。

九年						射野馬於漠北。				紀鈎魚于鴨淥江。		
神册元年	上在龍化州。						紀親征突厥、吐渾、党項、小蕃、沙陀諸部。	紀拔朔州，勒石紀功於青塚南。		紀乘勝而東。	紀攻蔚、新、武、嬀、儒五州。	
二年		紀攻新州。	紀攻幽州。周德威兵拒于居庸關西，合戰於新州東。	紀圍幽州。		紀以大暑霖潦，班師。						

四年	五年
射虎于東山。	
紀至自東平郡。	射龍於拽剌山〔三〕陽水上，其龍一角，尾長足短，身長五尺，舌二尺有半，敕藏內庫。
紀謁孔子廟。	紀党項諸部叛。上親征。
紀征烏古部。還，侍太后，病間復還。	
紀次烏古部。	紀攻天德。降之。班師。宋瑤復叛，拔其城。
幸遼陽故城〔二〕。	紀師還。

六年	天贊元年	二年	三年
	紀復徇幽、薊地。	如平州。〔四〕	
		紀軍于箭笴山。	
	紀攻薊州。攻石城縣。		
			紀大舉征吐渾、党項、阻卜等部。
			紀至烏孤山。次古單于國，登阿里典壓得斯山。
			次回鶻城。〔五〕獵于野烏篤斡山。〔六〕幸回鶻城。獵于
紀率大軍入居庸關。			紀獵寓樂山。軍于霸離思山。
紀下古北口。			紀射虎于烏刺邪里山，抵霸室山。
紀圍涿州。還次檀州。			

	四年
	紀饗軍于水精山。
	紀南攻小蕃、下之。皇后、皇太子迎謁於札里河。
	紀清暑室韋北陘。
西河石堰，〔七〕得白兔。觀漁烏魯古河。〔八〕	紀至自西征。
	紀幸安國寺，飯僧。
	紀親征渤海。紀閏月，祠木葉山。祭天地于烏山。次撒葛山。次商嶺，夜圍扶餘府。

天顯元年	二年 太宗即位未改元。	三年
紀拔扶餘城。駐軍于忽汗城南。駕幸城中，復還軍中。		
紀復幸忽汗城。		紀幸長濼。
幸天福城。〔九〕紀幸人皇王宮。		紀東蒐。獵殺麋山。獵松
		紀東巡。獵三山。
		紀獵索剌山。至自獵。
紀次扶餘府。上崩。皇后稱制。		紀有事于太祖廟。
		紀幸人皇王倍第。再幸
		紀謁太祖廟。
	紀即皇帝位。謁太祖廟。還都。御宣政殿。	紀自將伐唐。
	紀祀天地。閱羣牧于近郊。謁太祖廟。	紀次杏堝。

	四年	五年
	獵于潢河。紀如瓜堝。	
	獵于近地。	
山。		蒐于近淀。紀駕發南京。
	紀至自瓜堝。謁太祖廟。謁太祖行宮。幸天城軍。謁祖陵。	紀與人皇王會祖陵。
	紀謁二儀殿。射柳于太祖行宮。	紀謁太祖廟。
	如涼陘。〔一〇〕	射柳。如沿柳湖。〔一一〕紀拜太祖御容于明殿。
	紀觀市。祠太祖而東。	
	紀至自涼陘。謁太祖廟。幸人皇王第。謁太祖廟。	紀如九層臺。
人皇王第。	紀祠木葉山。至南京。	紀至自九層臺，謁太祖廟。
	出獵，獲虎。紀幸人皇王第。	
	紀餞皇弟李胡于西郊。觀漁三叉口。	
	紀至自南京。	

六年	七年	八年
紀如南京。	紀祠木葉山。	
獵于近山，獲虎。		
	是春，蒐于潢水之曲。	
觀銀冶。射柳。		
紀祠木葉山。至自南京。謁太祖廟。紀閏月，射柳于近郊。	紀幸祖州，謁太祖陵。	紀獵獨牛山。如沿柳湖。
紀如涼陘。		
紀薦時果于太祖廟。東幸。	紀薦新于太祖廟。	
障鷹于近山。紀皇子述律生，告太祖廟。	紀捕鵝于沿柳湖。	
		紀至自沿柳湖。
紀祭太祖廟。	獵于小滿得山。〔三〕紀西狩，駐蹕平地松林。	

九年	十年	十一年	十二年
紀漁于土河。紀閏月東幸。		紀鈎魚于土河。如潢河。	紀次堆子口。次大同軍
紀祠木葉山。葬太皇太后於德陵。			
	蒐于滿德湖。〔一三〕		
		紀謁祖陵。還都，謁太祖廟。	紀幸平地松林。觀潢水
射柳。紀如沿柳湖。	紀葬皇后于奉陵。	紀清暑沿柳湖。	紀幸頻蹕淀。
	紀幸品不里淀。	射柳。	射柳。
	紀獵南赤山。		紀幸懷州，謁奉陵。
紀自將南伐。		紀自將援石敬瑭。	
紀次雲州。拔河陰。	如金瓶濼。〔一四〕	紀入雁門。次忻州。次太原。	
紀畧地靈丘。			
紀圍武州之陽城。	紀幸弘福寺。		
紀駐蹕百湖之西南。		紀發太原。次細河。次雁門。幸應州。	紀東幸，祀木葉山。

	會同元年	二年
城下。射鬼箭于雲州北。皇子迎謁于灤河，告功太祖行宮。		紀御開皇殿。
	紀幸遼河東。	紀謁太祖廟。
	射虎于松山。[一五]紀東幸。	紀畋于裹潭之側。
源。	觀伐木。紀戊寅朔，如南京。幸温泉。還宮。	紀幸木葉山。
		紀是夏，駐蹕頻蹕淀。
	紀御開皇殿。御宣政殿。	
		紀鈎魚于土河。

三年	四年	五年
		紀上在歸化州。
獵于盤山。〔一六〕		紀如南京。
紀如南京。次石嶺。獵水門。幸薊州。		紀閏月駐蹕陽門。
紀至燕。幸留守趙延壽別墅。		
紀閱騎兵于南郊。		
紀閱步卒于南郊。駕發燕京。次奉聖州。勞軍士。		紀聞皇太后不豫，上馳入侍。仍告太祖廟。幸菩薩堂，飯僧。
獵于炭山。〔一七〕紀獵猾底烈山。		
	紀幸歸化州。	
紀謁太祖行宮。是冬，駐蹕傘淀。		紀是冬，駐蹕赤城。

六年	七年	八年
		紀與晉人戰陽城。
	紀還次南京。如涼陘。	紀還次南京。如涼陘。
	障鷹於炭山。	紀獵平地松林。
障鷹于合不剌山[一八]。紀如奉聖州。		
	紀北幸。	紀次赤山。還上京。
		紀祠木葉山。
紀如南京。議伐晉。	紀南伐。次古北口。紀閏月閱諸道兵於温榆河。圍恒州。	紀朝謁太祖行宮。

九年			鈎魚于土河。	紀如涼陘。		射柳。紀謁祖陵。		紀自將南伐。	紀閱兵于漁陽西棗林淀。		紀進圍鎮州。	紀次赤岡。
大同元年　世宗天祿元年	紀入汴。			紀發汴州。次赤岡。濟黎陽渡。次高邑。崩于欒城。世宗即位於鎮陽。次定州。		紀次南京。	紀閏月次潢河。趨上京。		紀葬嗣聖皇帝於懷陵。			
二年											紀駐蹕彰武南。	

四年	五年 穆宗應曆元年
	紀如百泉湖。
	紀是夏，清暑百泉嶺。
	如太液谷，〔一九〕留飲三日。
紀如山西。	紀自將南伐。次歸化州祥古山。被弒於行宮。〔二〇〕紀穆宗即皇帝位。如南京。
紀自將南伐。下安平、内丘、束鹿等城，大獲而還。	

二年									紀獵炭山。			紀獵于近郊。
三年			紀如應州擊鞠。觀漁於神德湖。			障鷹于輞山。獵于羖羊山。	障鷹于團鹿峪。					紀是冬，駐蹕奉聖州。
四年		獵于郭里山。紀幸南京。					障鷹于白羊山。〔二一〕					紀謁祖陵。是冬，駐蹕杏堝。
五年		紀如裹潭。							獵于西山。〔二二〕	紀謁太宗廟。		紀謁太祖廟。
六年					紀謁懷陵。				擊鞠。〔二三〕紀謁祖陵。	與羣臣水上擊髀石爲戲。〔二四〕		紀謁太祖廟。

	七年	八年	九年	十年
			紀駐蹕潢河。	
	紀駐蹕潢河。	紀駐蹕潢河。		獵于圖不得泉。如褭潭。獵于成吉得井。
	紀還上京。			
			獵于鹿堝南林。紀如南京。	射舐鹹鹿于鳳凰門。紀謁懷陵，至自懷陵。
	射柳。		獵于白鷹山。紀西幸，如懷州。	
	射柳。	獵赤山。〔二五〕	射鹿于鳳凰門下。〔二六〕	紀以酒脯祀天地于黑山。
			射鹿於近山，迄于九月。	次三石嶺，呼鹿射之。紀如秋山，幸懷州。
	紀獵于七鷹山。			
	獵于赤山。獵于拽剌山。紀還上京。		獵于黑山。紀還上京。	獵于天梯山。

十一年	十二年	十三年
		丁卯夜,觀燈。
	獵于蘇隱山。	紀如潢河。
射鹿于遙斯嶺。紀閏月,如潢河。		獵,多獲鴈鴨。還宮,飲至終夜。自是,晝出
紀射鹿,不視朝。		紀獵于潢河。
		射柳。
射鹿于赤山。射柳。	是夏,射舐鹹鹿于玉山。紀祠木葉山及潢河。	是夏,獵于玉山。
		紀幸近山,呼鹿射之,旬有七日而後返。
	紀秋,如黑山、赤山射鹿。	登高,以南唐所貢菊花酒賜羣臣。是秋,
		獵于三嶺。

	十四年	十五年	十六年
			擊鞠。
	如潢河。〔二七〕紀如老林東濼。	紀東幸。獲鴨。	
夜飲，迄于月終。			紀東幸。獲鴨。獲
			以野鹿入馴鹿
	獵于玉山，射臥鹿于白嶺山。〔二八〕		
	射舐鹹鹿于葛德泉。〔二九〕		
	射舐鹹鹿于赤山，呼鹿射之。〔三〇〕		獵于玉山。
	紀如磑子嶺，呼鹿射之。還宮。		
射鹿於黑山、拽刺山。紀兩祭天地。		是秋，獵于黑山。	
	幸樞密使蕭護思第。	獵于七鷹山。紀駐蹕黑山平淀。	紀幸酒人拔刺哥家。

	十七年	十八年
		幸太師女古第，宴飲終
	如潢河。	如裹潭。紀幸五坊使霞
鵝。		紀如潢河。獲駕鵝。
羣，觀之，飲至竟日。〔三一〕	駐蹕于裹潭。	
		紀獲鵝于述古水。
	紀是夏，駐蹕裹潭。	避暑于裹潭。紀是夏，
		射鹿于近山，三旬而返。
	紀自丙戌朔獵于黑山、赤山，至于月終。	以菊花酒飲從臣。獵熊。
		射鹿于皇威嶺。復射鹿、
		射鹿于皇威嶺。
復幸殿前都點檢耶律夷臘葛第。是冬，駐蹕黑山平淀。	獵于碓觜嶺。〔三二〕紀是冬，駐蹕黑山平淀。	紀是冬，駐蹕黑山東川。

	十九年　景宗保寧元年	二年
夜。紀觀燈于市。		紀如潢河。
賓里家，宴飲達旦。	幸鹿囿，飲酒至暮。幸五坊。紀如懷州，獵獲熊。馳還行宮，遇弒。景宗即位。	
	紀入上京	
		紀幸東京，致奠讓國皇
		紀西幸，次盤道嶺。
清暑裹潭。		是夏，幸塌母城，〔三四〕進幸
	如秋山。	
紀是秋，獵于西京諸山。	〔三三〕	
射麂。	漁于赤山濼。紀東幸裹潭。	
	紀祠木葉山，駐蹕鶴谷。	

	三年	四年
	紀東幸。	
帝及世宗廟。	紀祠木葉山。至自東幸。	
	射柳。	
東京。紀還上京。		觀從臣射柳。紀是夏，駐蹕冰井。
	如沿柳湖。	射柳。紀如雲州。
	射鴨于惠民湖。獵于平地松林。獵于遼河之源。紀如秋山。	
	獵于胡土白山。幸于越屋質第。紀幸歸化州。如南京。	
	駐蹕于蒲瑰坂。	紀如南京。
	紀是冬，駐蹕金川。	

五年	六年	七年	八年
如神得湖。如應州。紀御五鳳樓觀燈。	紀幸南京。	如查懶淀。	
紀幸新城。			如金瓶濼。
紀復幸新城。			
	幸冰井。	紀祠木葉山。射柳。如頻蹕淀清暑。	
紀駐蹕燕子城。	紀獵于平地松林。		
			紀如秋山。
駐蹕于歸化州西硬坡。		紀是秋，至自頻蹕淀。	紀謁懷陵。
紀如南京。	紀還上京。	紀鈎魚土河。	如長濼。
紀如歸化州。			

九年	如鹿堝。									如老翁川鈎魚于赤山濼。	紀祠木葉山。	紀獵于近郊。
十年	紀如長濼。		獵于頡山。復如長濼。紀祭顯陵。	紀西幸。		紀駐蹕沿柳湖。	紀享太祖廟。	獵于赤山。		漁于裹潭。		紀是冬，駐蹕金川。
乾亨元年	觀燈于市。				幸惠民湖。			幸冰井。				紀是冬，駐蹕南京。
二年		紀如清河。	閏月，如南京賞牡丹。西幸。	紀清暑燕子城。				紀東幸。		紀次南京。次固安。	紀班師。還次南京。	如蒲瑰坂。獵于檀州之南。

三年	四年
	紀如華林、天柱。
放鶻于溫泉南。紀東幸。復幸南京。	
幸羊城濼。	紀自將南伐。至滿城。
	紀班師。清暑燕子城。
獵于炭山。	紀如西京。
	獵于炭山。紀幸雲州。獵于祥古山。次焦山，崩。聖宗即位。
紀如蒲瑰坂。	紀如顯州。

聖宗統和元年
紀葬景宗乾陵。幸聖山，遂謁三陵。
從禽于近川，獲六鵠。幸甘露等寺。駐蹕長濼。又駐蹕于閣甸旁山。獵于羖攊甸，大獲鹿豕。紀次獨山。駐蹕遼河之平淀。
紀幸東京。謁太祖廟。南幸。謁三陵。謁乾陵。幸夫人烏骨里第，謁太祖御容。幸公主胡古典第飲。如徽州。
幸興王寺。獵于益馬里坂。紀次永州。幸木葉山。
紀還上京。有事于太廟。
紀與諸王分朋擊鞠。
紀上西巡。謁祖陵。謁懷陵，遂幸懷州。獵赤山。
獵于黑山。紀謁永興、長寧、敦睦三宮。謁宣簡皇帝廟。幸祖州，謁祖陵。還上京。如老翁川。
駐蹕于老翁川。
鈎魚于近川。紀壬子朔，觀漁撻馬濼。祭乾陵。
紀謁凝神殿。幸顯州。東幸。觀漁于濬淵。然萬魚燈于雙溪。

二年	三年
幸近地。紀如長濼。	紀如長濼。
如潢河。紀觀獵于饒樂川。	
獵于山榆甸。	
	紀祠木葉山。
紀祠木葉山。駐蹕沿柳湖。	紀還上京。
	紀如栢坡。
	次庫骨水山障鷹。畋于赤山。紀東幸。駐蹕土河。
幸鵲山觀障鷹。獵于嶺右。	障鷹于斜軫山。擊鞠。獵于赤山。紀次稾城。至顯州，謁凝神殿。幸乾州，觀新宮。兩謁乾陵。西幸。
紀駐蹕土河。	渡怕里水，觀海。紀閏月行次海上。重九，駱駝山登高。駐蹕東古山。
	獵于東古山。

四年	五年
觀漁于新灣。獵于謁懶甸。紀觀漁土河。幸長濼。	紀次文安。還南京。如華林、天柱。
紀行次裊里井。	幸潞縣西，放鶻擒鵝。〔三六〕紀甲午朔，至自
紀駐兵駝羅口。	紀幸長春宮，賞花釣魚。
紀次南京北郊。次涿州東。次沙姑河之北淀。次固安。	北幸，趣没打河避暑。紀癸巳朔，幸南
如炭山清暑。獵于燕山。〔三五〕紀班師，還次新城。次固安南。還次南京。發南京。	
紀度居庸關。皇太妃、諸王、公主迎上嶺表。幸涼陘。	
	沿東山行獵。紀獵平地松林。
障鷹于炭山。獵于炭山。獵于畫達剌山。	
獵于畫達剌山。駐蹕白楊嶺。紀次黑河，以重九登高于高水南阜。次河陽北。次儒州。	紀幸南京。是冬止焉。
幸齊國公主第宴。紀出居庸關。幸南京。與大臣分朋擊鞠。	
紀南伐，次狹底堝。次白佛塔川。至唐興縣涉沙河。	
紀營於滹沱北。營神榆村。拔馮母鎮。邢州降。拔深州。	

	六年	七年
	紀如華林、天柱。	紀班師。次長城口。幸易州。御五
天柱。		紀幸長春宮。
		擊鞠。紀是春，駐蹕延芳淀。
京。清暑冰井。	幸延壽、延洪二寺，及秦國長公主第。紀幸南京。幸宋國王休哥第。	擊鞠。獵于新西道東。紀還京。
		射熊于虎特嶺。紀祭風伯于儒
		幸秦國公主第。
	觀鹿于炭山。幸黎園、温湯。〔三七〕紀觀市。駐蹕于洛河。	障鷹于花山。〔三八〕幸秦國公主第。
	射鹿于近山。駐蹕赤城南。	
	紀幸南京。有事于太宗皇帝廟。次涿州。	
	紀駐長城口。	
	獵于沙河。	獵于薊州之南甸。鈎魚于曲水濼。

	八年	九年	十年
花樓。次淶水，謁景宗皇帝廟。次岐溝。還次南京。	紀如臺湖。如沈子濼。	紀如臺湖。	紀如臺湖。
		如曲水濼。	
	幸盤山諸寺。獵西括折山。〔三九〕	紀幸南京。	紀如炭山。
幸延壽寺飯僧。駐蹕儒州龍泉。		紀清暑炭山。	
州白馬村。獵桑乾河。	紀清暑胡土白山。		射鹿于湯山。〔四〇〕
紀御含涼殿視朝。謁景宗皇帝廟。			
		獵于盤道嶺。獵于炭山。	
		紀駐蹕廟城。	射鹿于蔚州南
	紀駐蹕大王川。		射熊于紫荆口。
紀鈎魚于沈子濼。獵于好草嶺。			紀獵儒州東川。

	十三年	十二年	十一年	
	紀如長春宮。	紀幸延芳淀。	幸延芳淀。〔四三〕	
	幸延芳淀。〔四六〕			
		紀幸南京。如長春宮觀牡丹。		
	紀如炭山清暑。	如炭山清暑。〔四四〕紀幸南京。幸延壽寺飯僧。	紀幸炭山清暑。	
		獵于東山。〔四五〕	紀如秋山。	
	幸大王川。	獵于宰相山。獵于黑河南山。		山。〔四一〕紀幸五臺山金河寺飯僧。
		紀獵可汗州之西山。	紀駐蹕蒲瑰坂。	〔四二〕
		漁于潞縣西濼。		
		獵于順州西甸。紀幸南京。		

十四年	十五年	十六年
幸延芳淀。紀漁于潞河。	紀幸延芳淀。	紀如長濼。
	紀如長春宮。	
紀如炭山清暑。	幸延壽寺。紀幸南京。致奠太宗皇帝廟。如炭山清暑。	紀如木葉山。
		紀祠木葉山。還上京。
擊鞠。紀如炭山清暑。		獵于平地松林。紀奠祖、懷二陵。
	如秋山。紀獵于平地松林。	紀東幸。
	紀幸饒州，致奠太祖廟。	紀駐蹕得勝口。
	紀駐蹕駝山。	
	紀幸顯州。謁顯陵。謁乾陵。	
紀幸南京。	紀鈎魚土河。駐蹕駝山。	

	十七年	十八年	十九年	二十年
	紀如長春宮。	紀還次南京。		紀如延芳淀。
		紀幸延芳淀。	獵于崖頭川。	
				紀駐蹕鴛鴦濼。
	紀如炭山清暑。	紀駐蹕于清泉淀。	如高林嵎。	
		紀清暑炭山。	紀清暑炭山。	紀幸炭山清暑。
清暑炭山。				
		紀駐蹕于湯泉。	觀市。	
	獵于諸山。		駐蹕于昌平。幸南京。〔四七〕	獵于平地松林。
	紀幸南京。南伐。	紀駐蹕黑河。		扠魚于遼河。紀謁顯陵。
	紀次瀛州。次遂城。		紀南伐。次鹽溝。次滿城，以泥淖班師。	紀至自顯陵。
			紀觀漁儒門濼。	
			漁于崖頭川。漁于閻崖。	

二十一年	二十二年	二十三年
紀如鴛鴦濼。	紀如鴛鴦濼。	紀還次南京。
觀市。紀清暑炭山。	紀清暑炭山。	獵于抹特凜谷。如幽州。〔四八〕
		獵于晝盧打山。獵于奴穆真峪。
	獵于裹古狘。紀駐蹕犬牙山。	
獵于田里不魯斡。紀幸女河湯泉。	紀幸南京。紀閏月南伐。次固安。軍于望都。	
紀駐蹕七渡河。	紀攻瀛州，不克。下祁州。	獵于孩里迭扎刺。獵于虎特嶺。
鉤魚于周河。	紀次澶淵。	獵于桑乾河。紀觀漁桑乾河。
	紀班師。	

	二十四年
	紀如鴛鴦濼。
	紀幸炭山清暑。
獵于吾魯真峪。獵于野葛嶺。獵于沙渚卷峪。獵于括只阿剌阿里山。獵于青林川，射熊，獲之。紀清暑炭山。	
	紀南幸。
	紀幸南京。
紀駐蹕七渡河。	

二十五年	二十六年	二十七年	二十八年
		紀鈎魚土河。獵于瑞鹿原。	紀如乾陵。
紀如鴛鴦濼。	紀如長濼。		
紀清暑炭山。	紀祠木葉山。	紀駐蹕中京。	紀葬太后於乾陵。
	紀還上京。致祭祖、懷二陵。駐蹕懷州。		紀如中京。清暑七金山。
		紀北幸。	幸榆林湯泉。[五一]紀幸中京。謁顯、
紀駐蹕中京。	紀幸中京。		
			紀大軍渡鴨淥江。焚開京，至清
是冬，駐蹕中京。[四九]	是月，駐蹕中京。[五〇]	紀南幸。如中京。	

	二十九年	三十年開泰元年
	紀班師。次鴨渌江。皇后、皇弟迎于來遠城。次東京。	獵于賈曷魯林。〔五二〕幸興王寺。紀駐蹕
	紀謁乾、顯二陵。	紀駐蹕瑞鹿原。
		紀如葦濼。
	紀清暑老古堝。	捕魚于排得述魯濼。
		幸上京。〔五三〕
	獵于沙嶺。	紀駐蹕上京。
乾二陵。自將伐高麗。		
	紀是秋，獵於平地松林。	
	紀駐蹕廣平淀。	幸中京。〔五四〕
江，還。	紀幸顯州。	
	紀復如廣平淀。	是冬，駐蹕中京。〔五五〕

	二年	三年
王子院。祠木葉山。	紀如瑞鹿原。	紀如渾河。畋潢河濱。獵瑞鹿原。
	獵于阿里濼。如薩堤濼。	觀漁于褱泥濼。
		觀漁于三樹濼。弋鵝于薩堤濼。
	紀如緬山。	
		紀清暑緬山。
	獵于永安山。障鷹于緬山。畋于陷嶺。紀鈎魚曲溝。	紀如平地松林。
	獵于赤山。	紀幸沙嶺。
	鈎魚于長濼。紀畋麃井之北。駐蹕長濼。	紀幸中京。
	是冬，駐蹕長濼。〔五六〕	

四年	五年
獵于沙阜。獵于鍋林。紀如瑞鹿原。獵馬蘭淀。東征。	紀北幸。駐蹕雪林。
紀如薩堤濼。	紀如薩堤濼。
獵于牛山。〔五七〕獵于直舍山。〔五八〕紀駐蹕沿柳湖。	獵于渾河之西。紀清暑孤樹淀。
紀幸秋山。	紀獵于赤山。
紀自八月射鹿至于九月，復自癸丑至于辛酉，連獵于有柏、碎石、太保、響應、松山諸山。	紀幸懷州，有事于諸陵。還上京。
	紀皇弟來朝，上親出迎勞至實德山，因
紀駐蹕撻刺割濼。	
紀南巡海徼。還，幸顯州。	是冬，駐蹕上京。〔五九〕

	六年	七年
	紀如錐子河。	紀如達離山。
		紀如渾河。
	紀如顯州。有事于顯、乾二陵。	如三樹濼。
	紀如涼陘。	
	獵于狼林東。觀漁于蓮花濼。獵于羖羊堝。紀祠木葉山、潢河。駐蹕九層臺。	
	紀如秋山。	
同獵于松山。駐蹕杏堝。	紀還上京。	紀駐蹕土河川。
	紀獵鏵子河。駐蹕達離山。	
		紀幸中京。
	紀還上京。	

八年	九年
如渾河。	于於馬盂山。
	紀如鴛鴦濼。
獵于雪林。獵于石底水。	
紀如緬山。	如大魚濼。
獵于樺山。獵于淺嶺山。獵于涅烈山。獵于跋恩山。	
如秋山。障鷹于緬山。	
獵于近甸。	獵于果里白山。獵于崖頭川。獵于蕎麥山。獵于榆林。射
紀駐蹕土河川。	獵于松山，獵于黑山。紀駐蹕金缾濼。
	觀漁于沙濼。紀如中京。
幸中京。	
幸開泰寺宴飲。幸秦晉長公主第作藏鬮宴。幸開泰寺。紀駐蹕中京。	是冬，駐蹕木葉山。〔六〇〕

	太平元年
	紀如渾河。
	紀幸鈹河。獵高柳林。
	獵于渾河山。紀清暑緬山。
	獵于鶻子山。障鷹于只舍山。紀如沙嶺。獵潢河。
喚鹿于侯勒水。射喚鹿于鐵里必山。獵于遼河之源。	獵于馬盂山。
	紀幸中京。
	紀兩幸通天觀，觀魚龍曼衍之戲。

二年	三年	四年	五年
紀如納水鈎魚。	觀漁于鴨渌江。紀如納水鈎魚。	紀如鴨子河。	紀如混同江。
紀駐蹕魚兒濼。	駐蹕于魚兒濼。	如魚兒濼。紀獵撻魯河。	紀如魚兒濼。
紀如長春州。	飛放于撻魯河。	飛放于長春河。	紀如長春河魚兒濼。
紀如緬山清暑。			獵黑嶺。西至銅河。
	紀清暑緬山。	紀清暑永安山。	紀清暑永安山。
	紀獵赤山。	獵于平地松林。紀如秋山。	紀獵平地松林。
			獵于檀州北山。射兔于平川。
		射兔于平川。	紀駐蹕南京。
紀駐蹕胡魯古思淀。至上京。	紀駐蹕遼河。	紀駐蹕遼河。	
駐蹕南京。〔六一〕			紀幸燕。微行觀燈。

六年	紀如鴛鴦濼。			紀如永安山。	避暑于永安山之涼陘。		紀獵黑嶺。		獵于狼河。紀駐蹕遼河滸。			紀駐蹕遼河。
七年	紀如混同江。	如長春河飛放。		紀獵黑嶺。	紀清暑永安山。		獵于黑嶺。		紀駐蹕遼河。			
八年	鈎魚、弋鵝于長春河。紀如混同江。		紀駐蹕長春河。		紀清暑永安山。		駕至遼河源獵。紀獵平地松林。		紀幸中京。			
九年	紀至自中京。	紀如斡凜河。		獵于陘山。	紀清暑永安山。		紀如黑嶺。				紀如顯陵。	
十年		紀幸龍化州。		紀如乾陵。	紀清暑栢坡。		獵于沙嶺。	獵于平地松林。		紀駐蹕長寧淀。		

十一年 興宗 景福元年	紀如混同江。	紀如長春河。				紀駐蹕大福河之北。崩〔六二〕于行宮。興宗即位。	幸楚姑公主帳。幸皇姊涅木衮〔六三〕第。紀擊鞠。		紀躬視慶陵。	紀閏月謁菆塗殿。	紀奠于菆塗殿。葬文武大孝宣皇帝于慶陵。謁慶陵。	幸樞密延寧第。紀至自慶陵。
重熙元年	紀如雪林。	紀大蒐。		清暑于別輦斗。〔六四〕	駐蹕于別嶺甸。		障鷹于習禮吉山。紀獵平地松林。	駐蹕于遼河上源。紀駐蹕刺河源。	獵于習禮吉山。〔六五〕獵于牛山。	幸中京。		
二年	紀東幸。							紀幸溫泉宮。				

三年	四年	五年
東幸。紀如春水。	東幸。紀如耶迷只里。	獵于平地松林。紀如魚兒濼。
射柳。		
	獵于娥兒山。紀甲寅朔，如涼陘。	紀幸后弟蕭無曲第，曲水流觴賦詩。與
駐蹕于永安山。紀庚申朔，清暑沿柳湖。	紀清暑散水源。	釣魚于赤項濼。次五鶻部，弋獵飲酒。
		擊鞠。放海東青鶻于葦濼。擊鞠。
東幸。射鹿。紀如秋山。	紀獵于黑嶺。	
		如秋山。獵于炭山之側。
	紀駐蹕長寧淀。	獵于沙山。紀獵黃花山。
紀駐蹕中會川。	紀如王子城。	紀幸南京。
	紀行柴冊禮于白嶺。	
幸南京。祭天。〔六六〕		

	六年
	獵于鴛鴦濼。紀西幸。
	獵于野狐嶺。
大臣分朋擊鞠。	紀獵野狐嶺。紀閏月，獵龍門縣西山。
紀南幸。如胡土白山清暑。幸北院大王高十行帳拜奧。	擊鞠。幸于北護衛太保耶律合住帳，賜物，歡飲。紀清暑炭山。
	幸蕭孝穆第，醉飲。
	射鹿于耶里山。〔六七〕紀如秋山。
	擊鞠。紀駐蹕石寶岡。
	幸晉國公主行帳。〔六八〕

七年	八年
紀如混同江。	扠魚于治河。紀如混同江觀漁。扠魚
紀如春州。駐蹕東川。	獵于武清寨之葦甸。紀駐蹕長春河。
紀幸皇太弟重元行帳。如蒲河淀。	
射柳。獵金山〔六九〕紀獵白馬堝。射兔新淀井。	
擊鞠。射麃鹿于轄剌罷。射虎于東剌山。獵于頗羅扎不葛。紀如黑嶺。	紀謁慶陵，致奠于望仙殿；迎皇太后至
射鹿于麃子嶺。獵于娥兒山。紀駐蹕平淀。	
紀渡遼河。駐蹕白馬淀。	擊鞠。紀駐蹕東京。
擊鞠。	
幸佛寺受戒。紀觀擊鞠。	閏月，擊鞠。

	九年	十年
于率没里河。	紀如鴨子河。	
	紀駐蹕魚兒濼。	
	獵，至于月終。駐蹕于永安山清暑。〔七〇〕	
	紀射柳。	
顯州，謁園陵，還京。	紀如秋山。	
		射虎于醫巫閭山。幸外祖母齊國太妃之帳。〔七二〕
		獵于漱都。紀獵馬盂山。
	觀漁于混同江。飛放於韶陽軍。〔七一〕紀駐蹕中會川。	獵于烽臺山，〔七三〕親射虎，立斃。紀幸中京。
	駐蹕于永安山。	

十一年	十二年
	紀如武清寨葦淀。
幸牛山濼。紀如鴛鴦濼。	
如赤蝸濼。	紀幸南京。
	紀幸山西。
紀御含涼殿。	
駐蹕清泉淀。〔七四〕	幸慶州諸寺焚香。獵于拽剌山。
閏月，幸南京，宴于皇太弟重元第，泛舟于臨水殿宴飲。	紀謁懷陵。
	紀駐蹕中會川。
幸延壽寺飯僧。〔七五〕詔宋使觀擊鞠。紀飯僧于延壽、憫忠、三學三寺。宋賀使居邸，帝微服往觀。	

	十三年	十四年	十五年
	紀如混同江。獵兀魯館岡。	紀如鴛鴦濼。	紀如混同江。
	如魚兒濼。	紀駐蹕撒剌濼。	如魚兒濼。紀如長春河。
			紀清暑永安山。
	射鹿于拜馬山。	紀閏月清暑永安山。	射鹿于淺林山。
	紀駐蹕永安山。	紀謁慶陵。	紀御清涼殿。
		獵于黑嶺。紀駐蹕中會川。	紀如秋山。
獵于永安山。紀謁慶陵。			南府宰相杜防生男，幸其居。觀穫。〔七七〕
	紀會大軍于九十九泉。〔七六〕	獵于平川。	
	獵于陰山。紀軍于河曲。		幸秦國長公主帳。紀駐蹕中會川。
	紀幸西京。		

十六年
紀如混同江。
紀如魚兒濼。
紀如黑水濼。
紀皇太后不豫，馳往視疾。皇太后愈，復如黑水濼。
射鹿于訛魯古只山。
紀清暑永安山。
觀市。擊鞠。射鹿于都里也刺。幸慶州諸寺焚香。障鷹于直舍山。紀幸慶州。自是月至于九月，日射獵于楚不溝、霞列、繫輪、石塔諸山。
障鷹于霞列山。射鹿于擊輪山。〔七八〕
觀擊鞠。紀幸中京謁祖廟。
幸興王寺拜佛。紀祠木葉山。幸中京。
紀謁太祖廟。

十七年	十八年	十九年
紀如春水。紀閏月，射虎于候里吉。	紀如鴛鴦濼。獵霸特山。	紀如魚兒濼。
	紀幸燕趙國王洪基帳視疾。	
		紀駐蹕息雞淀。幸殿前都點檢蕭迭里得、駙馬都尉蕭
		紀如魚兒濼。
		獵于分金山。紀如涼陘。
		獵于烏里嶺。紀謁慶陵。幸慶州，謁大安殿。
	紀親征（西夏）。	幸鷹坊使頗得帳。紀駐蹕括里蒲盌。獵候里吉。
	紀渡河。夏人遁，乃還。	射熊于醫巫閭山。
		射鹿于索阿不山。
紀駐蹕獨盧金。		紀還上京。如中會川。
		獵于不野山。

	二十年	二十一年
	紀駐蹕混同江。	紀如混同江。
	紀如蒼耳濼。	紀如魚兒濼。
胡覩帳視疾。	如多樹濼。紀幸黑水。	
		獵于涼陘諸山。
		紀駐蹕永安山。
	紀如秋山。	擊鞠。觀市。幸聖濟寺。紀如秋山。謁慶陵。如慶州。
		幸温湯。射虎于諸山。
	紀駐蹕中會川。	射鹿于黑山。獵于玉山。獵于白鷹山。紀謁懷陵。謁祖陵。
		觀燈。紀駐蹕中會川。幸顯、懿二州。射虎于南撒葛柏。謁乾陵。
		觀擊鞠。獵于柳河。獵于平頂山。紀次中會川。
	是冬，駐蹕靴淀。〔七九〕	

二十二年	二十三年	二十四年 道宗清寧元年
紀如混同江。	獵于水澗川。紀如混同江。獵雙子淀。如春水。獵盤直坡。	紀如混同江。〔八一〕
獵于黑林。紀如春水。	如奪里捨澤。	紀如長春河。
紀如黑水濼。	紀幸皇太弟重元帳。	
紀獵鶴淀。	紀獵合只忽里。	
射熊于曷朗底。	紀駐蹕永安山。	紀駐蹕南崖。
射鹿于門嶺。紀駐蹕胡呂山。	幸聖濟寺。擊鞠。紀如慶州謁慶陵。	
紀如黑嶺。	擊鞠。紀如秋山。	紀如秋山。次南崖之北峪。
	獵于悅只吉。	紀崩于行宮。道宗即位於柩前。
駐蹕于訛魯昆坡。	紀獵，遇三虎，縱犬獲之。	
	紀駐蹕中京。幸新建祕書監。有事于祖廟。	
	擊鞠。	紀葬興宗皇帝於慶陵。次懷州。
	紀如中會川。是冬，駐蹕靴淀。〔八〇〕	

											有事於太宗、穆宗廟。謁祖陵。有事於太祖、景宗、興宗廟。	
二年	紀幸魚兒濼。				紀謁慶陵。有事于興宗廟。			獵秋山，至伏虎林。〔八二〕紀如秋山。	獵，射虎，獲之。紀幸中京。	紀如中會川。		
三年	紀如鴨子河。	紀如大魚濼。		紀清暑永安山。	紀如慶陵。		紀如秋山。		紀幸中會川。	紀謁祖陵。謁讓國皇帝		

	四年	五年	六年
	紀如鴨子河鈎魚。		
	紀如魚兒濼。		
		紀是春，如春州。	紀是春，如鴛鴦濼。
	紀謁慶陵。		
	紀葬欽哀皇后於慶陵。如永安山清暑。		紀駐蹕納葛濼。
		紀駐蹕納葛濼。	
	紀獵于黑嶺。		
及世宗廟。	由靴甸赴永興甸。〔八三〕	紀幸南京。	紀駐蹕藕絲淀。
	是月，至靴甸。〔八四〕紀行再生及柴册禮，宴羣臣於八方陂。祠木葉山。		
		是冬，駐蹕南京。〔八五〕	是冬，駐蹕靴淀。〔八六〕

七年	八年	九年	十年
	紀如鴨子河。	紀幸鴛鴦濼。	紀北幸。
	紀駐蹕納葛濼。		
紀如春州。			
紀清暑永安山。謁慶陵。		紀清暑曷里狘。	
紀幸弘義、永興、崇德三宮致祭。	紀駐蹕拖古烈。		
	紀射熊于外室剌。	獵濼水。〔八七〕紀如太子山。	獵于赤山，以皇太后射獲大鹿，
紀駐蹕藕絲淀。			幸七金山三學寺。〔八八〕紀幸懷
	紀駐蹕獨盧金。	紀幸興王寺。駐蹕藕絲淀。	幸北牡山。紀駐蹕中京。
	紀幸西京。		

	咸雍元年	二年	三年
	紀如魚兒濼。	紀如鴨子河。幸山榆淀。	幸沙奴特。紀如鴨子河。
			駐蹕于細（納）葛泊。
	紀清暑拖古烈。		
		紀駐蹕拖古烈。	
		如藕絲淀。〔八九〕	幸魏王乙辛第。駐蹕神
設宴。庚寅，獵，梁王濬遇十鹿，射之得九。帝大喜，復設宴。	幸黑嶺。		獵于赤山。〔九一〕
州，謁太宗、穆宗廟。	紀駐蹕藕絲淀。		紀幸南京。
	紀幸醫巫閭山。		
			是冬，駐蹕南京。〔九二〕

	四年	五年	六年	七年
御安流殿鉤魚。	北幸。〔九三〕紀如鴛鴦濼。獵炭山。		紀如千鵝濼。	紀如鴨子河。
				如魚兒濼。
紀閏月，駐蹕春州北淀。		春蒐。〔九四〕		紀幸黑水。
	射柳。幸魏王乙辛第。			紀如納葛濼。
	紀駐蹕拖古烈。		紀清暑拖古烈。	
恩濼。〔九〇〕		紀駐蹕拖古烈。	紀御永安殿。	
	紀獵黑嶺。		紀獵于合魯聶特。	紀如藕絲淀。
		紀謁慶陵。		
	紀駐蹕藕絲淀。		獵于木葉山。紀幸藕絲淀。	
		紀駐蹕藕絲淀。		紀如醫巫閭山。謁乾陵。

八年	紀如魚兒濼。			紀駐蹕塔里捨。清暑拖古烈。			紀幸黑嶺。獵大牢古山。〔九五〕紀閏月，射熊于羖羊山。		紀駐蹕藕絲淀。			
九年	紀如雙濼。		如黑水濼。	紀如旺國崖。			幸金河寺。紀獵大熊山。	獵于三門口。	紀駐蹕獨盧金。	紀幸陰山，遂如西京。		
十年	紀如鴛鴦濼。		紀如拖古烈。				紀如秋山。謁慶陵。		紀還上京。謁二儀、五鸞殿。〔九六〕	紀駐蹕藕絲淀。		

									祠木葉山。			
大康元年	紀如混同江。	紀駐蹕大魚濼。		紀如犢山。	駐蹕永安山。〔九七〕		紀獵平地松林。		紀駐蹕藕絲淀。			
二年	紀如春水。駐蹕雙濼。					紀葬仁懿皇后于慶陵。駐蹕拖古烈。	紀如秋山。		紀駐蹕藕絲淀。			
三年	紀如混同江。	紀如魚兒濼。		紀泛舟黑龍江。	紀駐蹕犢山。	避暑于永安山。	紀如秋山。謁慶陵	紀謁慶陵。		紀駐蹕藕絲淀。		駐蹕廣平淀。〔九八〕
四年	紀如春水。	紀駐蹕掃獲野。			紀駐蹕散水原。	獵于黑嶺。			紀駐蹕藕絲淀。			

五年	六年	七年	八年
紀如混同江。如山榆淀。	紀如鴛鴦濼。		紀如混同江。
		紀如魚兒濼。	紀如山榆淀。
紀如納葛濼。	紀獵炭山。		
紀謁慶陵。	獵于白石山。	紀駐蹕嶺西。	
	紀駐蹕納葛濼。		紀駐蹕納葛濼。
紀獵夾山。	紀獵沙嶺。	紀如秋山。謁慶陵。	紀如秋山。
		紀射鹿赤山。	
	紀祠木葉山。駐蹕藕絲淀。	紀次懷州。次祖州。駐蹕藕絲淀。	紀謁慶陵。駐蹕藕絲淀。
紀駐蹕獨盧金。			紀謁乾陵。
幸西京。〔九九〕	紀豫行正旦禮。如混同江。		

九年	十年	大安元年	二年
紀如春水。	紀如春水。如山榆淀。	紀如混同江。	紀如混同江。
		紀如山榆淀。	紀駐蹕山榆淀。
		紀西幸。	紀北幸。
紀如黑嶺。	紀駐蹕散水原。		紀駐蹕納葛濼。
紀駐蹕散水原。		紀駐蹕拖古烈。	
紀獵馬尾山。謁慶陵。	紀如黑嶺。	紀獵赤山。	紀獵沙嶺。
		射鹿于潑山。紀幸慶州。謁慶陵。	射鹿于查沙。
紀射熊于白石山。	紀駐蹕藕絲淀。		紀還上京謁二儀、五鸞二殿。
紀謁觀德殿。		紀駐蹕好草淀。	

三年	紀如魚兒濼。			紀如涼陘。			紀獵黑嶺。		紀駐蹕匣魯金。			
四年	紀如混同江。	紀如魚兒濼。如春州。		紀西幸。		紀駐蹕散水原。	紀如秋山。	紀謁慶陵。		紀獵遼水之濱。駐蹕藕絲淀。		紀閏月，如混同江。
五年	紀如魚兒濼。			紀獵北山。	紀駐蹕赤勒嶺。		紀獵沙嶺。		紀駐蹕藕絲淀。			是冬，駐蹕木葉山。〔一〇〇〕
六年	紀如混同江。	紀駐蹕雙山。			紀駐蹕散水原。		紀如黑嶺。			紀駐蹕藕絲淀。		
七年	紀如混同江。	紀駐蹕魚兒濼。	紀駐蹕黑龍江。			紀駐蹕赤勒嶺。		紀幸慶州。謁慶陵。	紀還上京。		紀如藕絲淀。	是冬，駐蹕廣平淀。〔一〇一〕

八年	九年	十年	壽隆元年	二年
紀如山榆淀。	紀如混同江。	紀如春水。	紀如混同江。	紀如春水。駐蹕瑟尼思。
	獵于拖古烈。		紀駐蹕魚兒濼。	
紀駐蹕撻里捨淀。				
紀獵西山。	紀獵西山。	紀駐蹕春州北平淀。		
紀駐蹕赤勒嶺。		紀駐蹕赤勒嶺。	紀駐蹕特禮嶺。	
	紀駐蹕散水原。			紀駐蹕撒里乃。
紀獵沙嶺。	紀如黑嶺。	紀獵赤山。〔一〇〕	紀獵沙嶺。	紀獵赤山。
	獵于漫牙覩山。		射鹿查沙。	
紀駐蹕藕絲淀。			紀祠木葉山。	
	紀駐蹕藕絲淀。	紀駐蹕藕絲淀。	紀駐蹕藕絲淀。	紀駐蹕藕絲淀。
				幸沙門恒策戒壇，問佛法。

三年	紀如春水。駐蹕雙山。				紀駐蹕撒里乃。		射熊于排葛都。〔一〇三〕紀壬子朔，獵黑嶺。	射熊于沙只直山。〔一〇四〕	紀駐蹕藕絲淀。			
四年	紀如魚兒濼。		紀幸春州。		紀駐蹕撒里乃。		紀如黑嶺。			紀駐蹕藕絲淀。		
五年	紀如魚兒濼。				紀謁乾陵。駐蹕沿柳湖。		射熊于青崖。紀如大牢古山。	射熊于覩里山。	紀閏月駐蹕獨盧金。			是冬，駐蹕雲中甸。〔一〇五〕
六年	紀如春水。			紀如炭山。	紀駐蹕納葛濼。		紀如沙嶺。		紀駐蹕藕絲淀。			

七年　天祚乾統元年	二年	三年
紀御清風殿。如混同江。崩于行宮。〔一〇六〕天祚帝即位。	紀如鴨子河。	紀如混同江。如春州。
	紀如春水。	
		紀清暑赤勒嶺。謁慶陵。
紀如慶州。葬仁聖大孝文皇帝、宣懿皇后于慶陵。	紀駐蹕散水原。	
	紀獵黑嶺。	
紀謁慶陵。		
紀謁懷陵。駐蹕藕絲淀。		獵于吾剌里山，虎傷獵夫。庚子，射熊于善山。
紀謁乾陵。		紀如中京。
		紀以受尊號，告廟。謁太祖廟。
		紀如藕絲淀。

四年	五年	六年	七年
紀幸魚兒濼。獵木嶺。			紀鈎魚于鴨子河。
	紀幸鴛鴦濼。		紀駐蹕大魚濼。
	紀射虎炭山。		
射鹿于沙只山。	紀清暑南崖。	紀清暑散水原。	
紀駐蹕旺國崖。	紀幸候里吉。		紀次散水原。
紀獵南山。	紀謁慶陵。	紀如黑嶺。獵鹿角山。	紀如黑嶺。
		獵于撒不烈山。	
射熊于瓦石剌山。	紀駐蹕藕絲淀。謁乾陵。		
紀幸南京。			紀謁乾陵，獵醫巫閭山。
		紀行柴册禮。謁太祖廟。祠木葉山。	

八年	紀如春州。				紀清暑散水原。	紀射柳。如黑嶺。		獵于柏山。〔一〇七〕				
九年	紀如鴨子河。	紀如春州。				紀清暑特禮嶺。	紀獵于候里吉。					
十年	紀如鴨子河。	紀駐蹕大魚濼。		紀獵于北山。		紀清暑玉丘。	紀謁慶陵。	紀閏月謁懷陵。謁祖陵。		紀駐蹕藕絲淀。		
天慶元年	紀鈎魚于鴨子河。	紀如春州。			紀清暑散水原。		紀獵。			紀駐蹕藕絲淀。		
二年	紀如鴨子河。	紀如春州，幸混同江鈎魚。〔一〇八〕		如斧柯水。		紀清暑南崖。	紀獵南山。			紀駐蹕奉聖州。	紀幸南京。謁太祖廟。	

三年	四年	五年	六年
紀如大魚濼。獵狗牙山。	紀如春州。		
			紀親征張家奴，敗之。
	紀清暑散水原。		紀清暑散水原。
		紀清暑特禮嶺。	
紀幸秋山。		紀獵於嶺東。	紀獵秋山。
	如慶州。射鹿于秋山。〔一〇九〕	紀罷獵，趨軍中。	
紀駐蹕藕絲淀。	駐蹕于藕絲淀。		紀謁懷陵。
		紀親戰（金）于護步答岡，敗績。	

七年	八年	九年	十年	保大元年
	紀幸鴛鴦濼。			
		紀至鴛鴦濼。	紀幸鴛鴦濼。	紀幸鴛鴦濼。
			紀獵胡土白山。	
	紀至納葛濼。			紀至曷里狘。
紀獵秋山。	紀獵秋山。	紀獵南山。		紀獵炭山。
紀獵狘斯那里山。				
獵于輞子山。〔一〇〕虎傷獵夫。紀自燕至陰涼河。		紀至西京。	紀秋，獵沙嶺。	紀至南京。
紀至中京。				
			紀冬，復至西京。	

二年	三年	四年
紀出居庸關，至鴛鴦濼。幸雲中。		紀趨都統馬哥軍。棄營北遁。
紀趨白水濼。至女古底倉。乘輕騎入夾山。	紀駐蹕于雲内州南。	
紀遁於訛莎烈。		
	紀渡河，止于金肅軍北。	
		紀率諸軍出夾山，下漁陽嶺，取天德、東
紀親遇金軍，戰于石輦驛，敗績。		
	紀渡河東還，居突呂不部。	
紀率衛兵屯于落昆髓。		
紀由掃里關出居四部族詳穩之家。		

五年	
紀趨天德，過沙漠。至天德。趨党項。	
紀至應州新城東六十里，爲金人完顏婁室等所獲。	
	勝、寧邊、雲内等州。南下武州，遇金人，戰于奄遏下水，復潰，直趨山陰。

〔一〕索隱卷七：「今烏拉岱河，在翁牛特右翼西北百二十里南流折東北流，會漳河，入老河。」
〔二〕紀著於去年十二月，見本史卷一太祖紀。
〔三〕索隱卷七：「案已見本紀。」
〔四〕紀同。
〔五〕紀作：「丙申朔，次古回鶻城，庚子，拜日于蹛林。是月，次業得思山。」
〔六〕索隱卷七：「當即漢燕然山，唐名烏德鞬山。此表篤斡二音，亦即德鞬之轉。」
〔七〕索隱卷七：「歐陽元高昌偰氏家傳：『和林有一水，經城西北流，曰和林河。』是和林河即此表西河。當其時有石堰，堰其水入城。」
〔八〕索隱卷七：「案即唐回鶻嗢昆水，今名鄂爾坤河。」
〔九〕紀同。按紀，本年二月，改忽汗城爲天福。
〔一〇〕紀作西巡，獵近山。駐蹕涼陘。
〔一一〕紀同。
〔一二〕索隱卷七：「案一統志小蟠羊山在敖漢旗南百十里，蒙古名巴漢衣馬圖巴，漢譯言小衣馬圖，爲滿得轉音。」
〔一三〕索隱卷七：「案今敖漢旗南百二十里衣馬圖泉。」
〔一四〕索隱卷七：「案本紀在十二月。」

〔一五〕索隱卷七：「案本紀二月獵松山。」

〔一六〕索隱卷七：「案山在今薊縣東北四十五里，高二千仞，周百餘里。一名盤龍山，一名東五臺。」

〔一七〕索隱卷七：「案詳太祖紀。」

〔一八〕索隱卷七：「案本紀此月如奉聖州。今山西赤城縣爲遼奉聖州望雲縣，縣東北十里有劉不老山，方志謂有劉姓者修煉得名，不知爲合不剌山之音訛。」

〔一九〕索隱卷七：「案今科爾沁左翼東北他拉泉。」

〔二〇〕通鑑後周太祖廣順元年（九五一）九月記契丹主被弒於新州之火神淀。

〔二一〕索隱卷七：「案山在今山西廣靈縣西五十里，山中有瑞泉。」

〔二二〕索隱卷七謂是南京西山。按紀本年十月謁太宗廟，十二月謁太祖廟，似應非南京。

〔二三〕見拾遺卷一七。參見本書卷四九禮志一瑟瑟儀注〔一〕及注〔三〕。

〔二四〕此戲今達斡爾人仍流傳，見阿勒坦噶塔達斡爾蒙古考及何維忠達古爾蒙古嫩流志。

〔二五〕紀作：「獵于拽剌山。迄于九月，射鹿諸山。」

〔二六〕索隱卷七：「案土默特右翼西百里鳳凰山，山頂有洞，西北有塔，蒙古名兆馨喀喇。」

〔二七〕紀同。

〔二八〕紀作：「射舐鹻鹿于白鷹山，至于浹旬。」

〔二九〕紀作：「獵于玉山，竟月忘返。」

〔三〇〕紀作：「以酒脯祀黑山。」

〔三一〕按紀在閏八月。

〔三二〕索隱卷七：「案今喀喇沁左翼南九十里鎚子山。」

〔三三〕參本書卷七穆宗紀應曆十八年注〔八〕。

〔三四〕索隱卷七：「案百官志作塔母城。」

〔三五〕索隱卷七：「案山在今薊縣東南五十五里。」

〔三六〕索隱卷七：「案地理志，漷陰縣延芳淀春時鵝鶩所聚，遼每弋獵於此。又故通州南有南新莊飛放泊，州西南有栲栳垡飛放泊，州北有馬家莊飛放泊，皆在潞縣下。潞縣西灤同。」

〔三七〕紀作：「八月庚申，幸黎園、温湯。」疑表錯上一月。

〔三八〕索隱卷七：「案山在靈邱縣西北十二里。」

〔三九〕索隱卷七：「案今宛平縣西八十里潭柘山。」

〔四〇〕索隱卷七：「案山在今昌平縣東三十里，下有温泉。」

〔四一〕索隱卷七：「案蔚州志：飛狐口在州東南六十里，松子山北口在州南三十里，翠屏山又州東南五十里永寧山，相傳金章宗遊獵於此命名，金因遼俗。」

〔四二〕索隱卷七：「案一統志：『紫荆關在易州西，即太行第七陘蒲陰陘，亦名子莊關，宋名金陂，金、元以來，皆名紫荆。』漢章謂遼已名紫荆。此表紫荆口即紫荆關口。」

〔四三〕拾遺卷一七：「燕山叢録曰：『潡縣西有延芳淀，大數頃，中饒荷芰，水鳥羣集其中。遼時，每季春必來弋獵。打鼓驚天鵝飛起，縱海東青禽之，得一頭鵝，左右皆呼萬歲。海東青大僅如鵲，既縱，直上青冥，幾不可見。俟天鵝至半空，歘自上而下，以爪攫其首，天鵝驚鳴，相持殞地。』」

〔四四〕紀作：「五月戊午，如炭山清暑。」疑表誤入四月。

〔四五〕索隱卷七：「案山在今赤城縣北獨石城東三十里，極高峻，獨石城在縣東北一百里，獨石口南十里，明初建。」

〔四六〕紀作：「十三年春正月壬子，幸延芳淀。」疑表誤入二月。

〔四七〕紀作：「九月戊子，駐驆昌平。辛卯，幸南京。」疑表誤入八月。

〔四八〕是月，宋孫僅見聖宗於幽州。紀：「五月戊申朔，宋遣孫僅等來賀皇太后生辰。」長編真宗景德二年二月：「國主每歲避暑於含涼淀，聞使至，即來幽州。」

〔四九〕是冬，宋宋摶見聖宗於中京。長編真宗大中祥符元年三月：「宋摶等使契丹還，言：『契丹所居曰中京。』」

〔五〇〕是月，宋路振見聖宗於中京，見乘軺録。

〔五一〕索隱卷七：「案部族表，上京北有榆林峪。」

〔五二〕紀作買曷魯林。

〔五三〕紀作：「戊辰朔，還上京。」

〔五四〕紀同。

〔五五〕是冬，宋王曾見聖宗於中京。見長編真宗大中祥符五年十月。

〔五六〕是冬，宋晁迥見聖宗於長濼。見長編真宗大中祥符六年九月。

〔五七〕索隱卷七：「案山在今昌平縣西南五十里。」

〔五八〕索隱卷七：「案今昌平西北十五里積粟山，相傳元時積粟於此，不知爲直舍音訛。」

〔五九〕是冬，宋薛映見聖宗於上京。見真宗長編大中祥符九年九月。

〔六〇〕是冬，宋宋綬見聖宗於木葉山。見長編真宗天禧五年九月。

〔六一〕是冬，聖宗坐冬燕京。見宋王珪華陽集卷四九高繼勳神道碑。參見本書卷一六聖宗紀太平二年注〔一八〕。

〔六二〕遼東行部志作初古，本史卷六五公主表作槊古。

〔六三〕本史卷六五公主表：聖宗第二女巖母堇與涅木衮當係一人。參本書卷六五公主表注〔二九〕。

〔六四〕紀同。

〔六五〕紀同。

〔六六〕長編仁宗景祐元年十二月：「已而果契丹祭天幽州。」

〔六七〕索隱卷七：「案即本表神册五年之拽剌山。下重熙十二年又作轄剌山（中華書局一九七四年點校本已改爲拽剌山），十六年又作霞列山。」

〔六八〕紀同。
〔六九〕紀同。
〔七〇〕紀作：「夏五月，清暑永安山。」疑表誤入四月。
〔七一〕索隱卷七：「案地理志，長春州，本鴨子河春獵之地。」
〔七二〕耶律元妻晉國夫人蕭氏墓誌銘：「父諱諧里，贈魏王。母齊國太妃。」見全遼文卷七。齊國太妃次女爲聖宗欽哀皇后，即興宗之母。
〔七三〕索隱卷七：「案一統志：柏山在今朝陽縣屬土默特右翼東七十里，亦名烽臺山。」
〔七四〕是月，宋富弼見興宗於清泉淀。見長編仁宗慶曆二年九月。
〔七五〕松漠紀聞：「燕京蘭若相望，大者三十有六，然皆律院。自南僧至，始立四禪，曰大覺、招提、竹林、瑞像。延壽院主有質坊二十八所，僧職有正副判録，或呼司空。」本史卷一三聖宗紀：「統和十二年四月戊戌，以景宗石像成，幸延壽寺飯僧。」即此寺，在今琉璃廠延壽寺街。明正統六年開渠時，曾得斷碑，上有「大金延壽寺太原僧重建」研文。
〔七六〕是月，宋余靖見興宗於九十九泉。見長編仁宗慶曆四年九月。
〔七七〕本史卷八六杜防傳：「十三年，拜南府宰相。十五年，防生子，帝幸其第，賜名王門奴。」
〔七八〕紀重熙十六年作射獵於繫輪山。
〔七九〕是冬，宋王珪見興宗於靴淀。見長編仁宗皇祐三年八月。

〔八〇〕是冬，宋宋選王拱辰等見興宗於靴淀。見長編仁宗至和二年四月。

〔八一〕是月，宋王拱辰見興宗於混同江。見長編仁宗至和元年九月。

〔八二〕見王鼎焚椒録。

〔八三〕見王易燕北録。

〔八四〕據王易燕北録：是月，至靴淀。

〔八五〕陳襄使遼語録：「（楊）規中言：往歲燕京受禮，南朝大使是沈少卿，今已八年矣！」

〔八六〕是冬，宋閻詢見道宗於靴淀。見宋史卷三三三閻詢傳及長編仁宗嘉祐五年八月。

〔八七〕本史卷一一二耶律重元傳：「清寧九年，車駕獵灤水。」案是月有重元之變，各傳及王鼎焚椒録皆載叛兵犯灤水行宮。

〔八八〕拾遺卷一七：「耶律楚材湛然居士集：『三學寺改名圓明，仍請予爲功德主。因作疏曰：粤三學之巨刹，冠四海之名藍；今改僧而舍尼，遂從禪而革律。邀印公爲粥飯頭，請湛然作功德主。』張翥蜕庵集遊城南三學寺詩曰：『城南多佛刹，結構自遼、金。旁舍遺民在，殘碑好事尋。雨苔塵壁暗，風葉石幢深。一飯蒲團了，蕭蕭鐘磬音。』鶚案：興宗紀：『重熙十一年十二月，以宣獻皇后忌辰。上與皇太后素服飯僧於延壽、憫忠、三學三寺。』則寺在南京城南無疑。但七金山不可考耳。又案兵衛志云：『聖宗統和二十三年，城七金山，建大定府，號中京。』則七金山在中京，豈另有三學寺耶？抑二事並書耶？」

〔八九〕紀作：「秋七月丁卯，如藕絲淀。」疑表誤入六月。
〔九〇〕是月，陳襄等見道宗於神恩泊（濼）。見陳襄使遼語録。
〔九一〕陳襄使遼語録載是月道宗赴秋山獵。
〔九二〕見陳襄使遼語録。
〔九三〕紀作：「二月丁卯，北行。」
〔九四〕見北方文物一九八六年二期遼梁援墓誌銘：「咸雍五年，從駕春蒐。」
〔九五〕本史卷八六耶律頗的傳：「咸雍八年，上獵大牢古山，頗的謁於行宫。」按時令及本史卷二三道宗紀咸雍八年七月及閏七月所叙道宗行踪，當在本年七月或閏七月，故繫於此。
〔九六〕紀原作東京，爲上京之誤。參見本書卷二三道宗紀咸雍十年注〔九〕。故改幸東京爲還上京。
〔九七〕是月，宋沈括見道宗於永安山。見長編神宗熙寧八年六月。
〔九八〕是月，宋蘇頌見道宗於廣平淀，見蘇魏公集。
〔九九〕是冬，宋畢仲衍見道宗於雲中，見文彦博潞公集。
〔一〇〇〕是冬，宋蘇轍見道宗於木葉山，見欒城集。
〔一〇一〕是冬，宋彭汝礪見道宗於廣平淀，見鄱陽集。
〔一〇二〕張舜民使遼録：「舜民又問：『北地雕巢中生獵犬，果否？』答云：『亦有之，然極難得，今駕前有二隻，其性頗異，每獵而獲十倍於常犬。』」按張舜民於道宗大安十年使遼。

〔一〇三〕排，別本作佛。

〔一〇四〕索隱卷七：「案今翁牛特左翼西北百五十里叟几山。」

〔一〇五〕是冬，道宗於雲中甸受回謝生辰正旦國信禮，見長編哲宗元符二年九月。

〔一〇六〕全遼文卷一〇道宗皇帝哀册：「壽昌七年正月，皇帝崩于韶陽川行在所。」

〔一〇七〕索隱卷七：「案山在今渾源縣東南十里，與恒岳相接，山高多柏，頂有惠嶺，亦名秀嶺。」

〔一〇八〕天慶二年二月幸混同江鈎魚事，傅樂焕遼史叢考遼代四時捺缽考五篇之五論遼史天祚帝紀來源中謂鴨子河聖宗時改名混同江，此條二月下「幸混同江鈎魚」，應即「正月如鴨子河」一事之複出。乃由元人纂修今本遼史時，將契丹國志中「（天慶二年春，天祚）如混同江鈎魚……」一段補入金陳大任遼史「天慶二年春正月己未朔，如鴨子河。丁丑，五國部長來貢。二月丁酉，如春州」之下所致。

〔一〇九〕紀繫於七月，但按上下文意，亦可能已入八月，故兩者不相悖。

〔一一〇〕紀同。

遼史補注卷六十九

表第七

部族表

司馬遷作史記，叙四裔於篇末。秦、漢以降，各有其國，彼疆此界，道里云邈。不能混一寰宇，周知種落，鄰國聘貢往來，焉能歷覽。或口傳意記，模寫梗概耳。遼接五代，漢地遠近，載諸簡册可考。西北沙漠之地，樹藝五穀，衣服車馬禮文，制度文爲，土産品物，得其粗而失其精。部落之名，姓氏之號，得其音而未得其字。歷代踵訛，艱於考索。

遼氏與諸部相通，往來朝貢，及西遼所至之地，見於紀、傳亦豈少也哉。其事則書於紀，部族則列於表云。

紀年	正月	二月	三月	四月	五月	六月	七月	八月	九月	十月	十一月	十二月
太祖元年	黑車子室韋八部降〔一〕。									討黑車子室韋。		
二年					皇弟惕隱撒剌討烏丸及黑車子室韋。							
三年										討黑車子室韋，破之。西北嗢娘改部族進牽車人。		

四年	五年〔二〕	神册元年
	西奚部、東奚部叛，討平之。	
		征突厥、党項、小蕃、沙陀諸部，破降之。
烏馬山奚庫支及查剌底、鋤勃德等部叛，討平之。		

三年	皇弟安端爲惕隱，攻西南諸部。											
四年									征烏古部。			
六年			皇太子暨諸將分擊部落，以烏古、奚爲圖盧、涅離、奧畏三部。〔三〕									

天贊元年	二年	三年	天顯元年
			奚部長勃魯恩、王郁從征有功，賞之。〔五〕
	討奚胡損，獲之，置奚墮瑰部。		安邊、鄚頡、定理三府叛，討之。
擊西南諸部。			
		擊山東部族，破之。〔四〕	
		破胡母思山蕃部。	
分迭剌部爲二院。			

	三年 太宗不改元	四年	五年	六年	七年	九年
				敵烈來貢。		
	突呂不討烏古部。					
		突呂不獻烏古俘。	敵烈來貢。	烏古來貢。	烏古、敵烈來貢。	鼻骨德來貢。
			烏古來貢。			
				鼻骨德來貢。		
	突呂不獻烏古俘。					
	鼻骨德來貢。					

十一年	十二年	會同元年	三年	四年
			烏古獻伏鹿國俘。〔六〕	涅剌、烏隗二部上党項俘獲。乙室、品、
		室韋進白麃。		烏古來貢。于厥里來貢。〔七〕
鼻骨德來貢。				阿里底來貢。
于厥里來貢。				
			黑車子室韋來貢。	
	鼻骨德來貢。	黑車子室韋貢名馬。	朮不姑三部人來貢。	
				朮不姑來貢。女直來貢。

	五年	六年	七年
突舉三部上党項俘獲。			
	鼻骨德來貢。		
			黑車子室韋來貢。〔九〕
		奚鋤勃德部進白麝。〔八〕	
	鼻骨德、烏古來貢。术不姑、鼻骨德、于厥里來貢。		
			鼻骨德來貢。

八年	九年	穆宗應曆元年	二年	三年
	鼻骨德奏軍籍。〔一〇〕			
鼻骨德來貢。黑車子室韋來貢。				
鼻骨德來貢。	烏古來貢。			烏古、鼻骨德來貢。
			敵烈部來貢。	
				敵烈部來貢。
		鼻骨德來貢。		

五年	六年	七年	十四年
鼻骨德來貢。		鼻骨德來貢。	
			黃室韋叛。
	鼻骨德來貢[二]		
			庫古只奏黃室韋掠馬牛，叛去。庫古只與黃室韋戰，敗之，降其衆。賜詔撫諭。烏古販，掠

	十五年〔一二〕
	烏古殺其酋長窣离底，降而復叛。
	大黄室韋酋長寅底吉叛。五坊人四十户叛入烏古。〔一三〕
	小黄室韋叛去，雅里斯、楚思等擊之，爲室韋所敗。遣使讓之。
	庫古只奏室韋酋長寅底吉亡入敵烈。
	敵烈來降。
	烏古至河德濼，遣夷離堇畫里、夷離畢常恩以擊之。〔一四〕丁丑，烏古掠上京北榆林峪居民，遣林牙蕭幹討之。
	常恩與烏古戰，大敗之。
居民財蓄。	

十七年	夷離畢骨欲獻烏古之俘。											
景宗保寧三年										鼻骨德來貢。		
四年							鼻骨德來貢。					
五年									鼻骨德部長曷魯撻覽來朝。			
八年									鼻骨德來貢。			
乾亨元年				敵烈來貢。								

聖宗統和元年	二年
	五國、烏古部節度使耶律隈注以所轄諸部難制，請賜詔、給劍，仍便宜從事。從之。
	劃離部人請今後詳穩只於當部選授，上以諸部官長惟在得人，詔不允。
	耶律蒲寧、都監蕭勤德東征女直回，獻捷。
速撒奏降敵烈部。速撒奏叛蕃來降。	

三年	四年
上閱諸部籍，以涅剌、烏隈二部額少役重，故量免之。	
	頻不部節度使和盧覩、黃皮室詳穩解里等各上所獲兵甲。
	婭里古部送輜重行宮。〔二五〕
乙室奥隗部黍過熟未穫，遣人以助收刈。	
乙室姥隈部族副使進物。朮不姑諸部來至近地。	

五年	六年	九年
		振濟室韋、烏古部。
	詔烏隈于厥部貢貂鼠、青鼠皮，止以馬牛入貢。〔一六〕	
涅剌部節度使撒葛里有惠政，部民請留，從之。	以西南面招討使韓德威討河湟違命諸蕃。	
		鼻骨德來貢。

十二年								詔皇太妃領西北路烏古部兵。				
十三年										鼻骨德來貢。		
十五年				罷奚五部歲貢麕鹿。	敵烈八部殺詳穩以叛，蕭撻凜追擊，獲其部族之半。					罷奚王諸部貢物。		
十六年			鼻骨德酋長來貢。									

十九年	二十一年	二十二年	二十三年	開泰元年
				曷蘇館大王曷里喜來朝。
		罷蕃部賀千齡節及冬至、重五進貢。		
	奧里等部來貢。〔一七〕			
	烏古來貢。	蒲奴里、剖阿里等部來貢。	烏古來貢。	
達盧骨部來貢。				
			鼻骨德來貢。	
閏月，鼻骨德來貢。				

二年	三年
烏古、敵烈叛，命右皮室詳穩延壽率兵討之。	鐵驪來貢。
	烏古叛。
烏古、敵烈皆復故地。	
	八部敵烈殺其詳穩稍瓦，皆叛，詔南府宰相耶律吾剌葛招撫之。釋所

	四年
	耶律世良討敵烈得部。
	耶律世良討叛命烏古，盡殺之。遣使賞軍前有功將校。
囚敵烈數人，令招諭其衆。壬子，耶律世良遣使獻敵烈之俘。	
	以旗鼓拽刺詳穩題里姑爲六部奚王。

五年	七年
鼻骨德酋長撒、保特賽剌等來貢。	命東北越里篤、剖阿里、奧里米、蒲奴里、鐵驪等五部歲貢貂皮六萬五千，馬三百匹。
	蒲奴里部來貢。〔一八〕

	八年	太平元年
烏古部節度使蕭普達討叛命敵烈，滅之。	回跋部太師踏刺葛來貢。	
	曷蘇館惕隱阿不葛、宰相賽刺來貢。	
	回跋部太保麻門來貢。	
	曷蘇館惕隱阿不葛來貢。〔一九〕	
		敵烈酋長頗白來貢馬、駝。

六年				蒲盧毛朶部内多有兀惹民户，詔索之。					朮不姑諸部皆叛。	曷蘇館諸部長來朝。		曷蘇館部乞建旗鼓，許之。
七年		蒲盧毛朶部遣使來貢。〔二〇〕	女直部、蒲盧毛朶部送來州收管。								查只底部民四百户來附。	
興宗重熙元年											五國酋長來貢。	
三年〔二一〕				振濟耶迷只部。								

十年	十二年	十三年
曷蘇館人户没入蒲盧毛朵部者，索還復業。		
	置回跋部詳穩、都監。	耶律歐里斯將
	以斡朵、蒲盧毛朵部二使來貢不時，釋其罪，遣之。〔二三〕	羅漢奴奏所發
		元昊率党項三
朮不姑酋長來貢。〔二二〕		

兵攻蒲盧毛朵部。西南面招討都監羅漢奴、詳穩斡魯母等奏山西部族節度使屈烈以五部叛入西夏，仍乞南北府兵援

部兵與党項戰不利。

部酋長來降。

	十五年	十七年
	蒲盧毛朵界曷懶河人户來附。	振濟瑤穩、嘲穩部。
送實威塞州人户。詔選富者發之，餘令屯田于天德軍。	蒲盧毛朵曷懶河一百八十户來附。	蒲盧毛朵部大王蒲輦進舡工。
		長白山太師柴、葛回跋太師撒
	女直部長遮母率衆來附。	婆離八部夷離菫虎黏等內附。
		伐蒲奴里酋陶得里。

	十八年
	耶律義先奏蒲奴里之捷。
	耶律義先等執陶得里以獻。
	烏古遣使送欵。
	五國酋長各率其部來附。回跋部長兀迭、臺札等來朝。五國節度使耶律仙童以降烏古叛人，授左
刺都來貢方物。〔二四〕	

	十九年	二十一年〔二六〕
	蒲盧毛朵部惕隱信篤來貢。高麗來貢。〔二五〕	
門衛上將軍。	監遠夷拔思母部遣使來貢。	
	回跋、曷蘇館、蒲盧毛朵部各遣使進馬。	
		遣使詣五國及鼻骨德、烏古、敵烈四部捕海東青鶻。

道宗清寧二年	詔二女古部與世預宰相、節度使之選者，免皮室軍役。											
三年	五國部長貢方物。											
八年					吾獨婉惕隱屯禿葛等乞歲貢馬、駝，許之。							

咸雍五年	六年	九年
		八石烈敵烈人殺其節度使以叛，上詔隈烏古部軍分兩道擊
	五國部長來朝。	
五國剖阿里部叛，命左夷離畢蕭素颯討之。		
五國酋長來降，仍獻方物。		

	大康元年	四年	七年	八年	九年
			五國部長來貢。	五國諸酋長貢方物。	
之。					
		五國部長來貢。			五國部長來貢。
	西北路叛命酋長遐搭、雛搭、雙古等來降。				

大安元年	五國酋長來貢良馬。											
三年				出絹賜隗烏古部貧民。			西北部渤海進牛。					
四年	五國諸部長來貢。									詔諸部官長親鞫獄訟。		
八年〔二七〕										阻卜酋長磨古斯殺金吾吐古斯以叛，遣奚六		

	九年
部吐里耶律郭三發諸蕃部兵討之。	詔以戰馬三千給烏古部。烏古敵烈統軍使蕭朽哥奏討阻卜之捷。

十年

惕德酋長來貢。

烏古部節度使耶律陳家奴奏討茶札剌之捷。知北院樞密使事耶律斡特剌爲都統，夷離畢耶律禿朵爲副統，龍虎衛上將

西北路招討司奏敵烈部入寇，統軍司兵與戰不利，招討司兵擊破之。

和烈葛部來貢。惕德酋長來貢。

是歲，惕德酋長萌得斯領所部來降，詔復舊地。頗里八部來寇，擊敗之。〔二八〕

	壽隆元年
	敵烈入寇，掠羣牧馬，戍兵襲之，盡得所掠。
軍耶律胡呂爲都監，討磨古斯，遣積慶宮使蕭紇里監戰。	斡特剌奏耶覩刮之捷。
	頗里八部酋長來附，且進方物。斡特剌奏磨古斯之捷。

二年〔二九〕	市牛以給烏古、敵烈、隗烏古部貧民。	振達麻里別古部。							頗里八部進馬。			
三年	烏古部節度使耶律陳家奴討西北諸部有功。〔三〇〕								蒲盧毛朵部長率其部民來歸。	五國部長來貢。		蒲盧毛朵部來貢。
五年						五國部長來貢。	惕德酋長禿的等來貢。				斡特剌奏討耶覩刮之捷。	

六年	天祚乾統二年	四年	九年	十年
斡特剌獲叛命磨古斯來獻。				
		鼻骨德遣使來貢。		
			五國部來貢。	五國部長來貢。
烏古部討茶扎剌，破之。	斡特剌獻耶覩刮等部之捷。			
耶覩刮諸部寇西北路。				
斡特剌奏耶覩刮諸部之捷。				
五國諸部長來貢。				

天慶元年	二年	五年	六年
	五國部長來貢。		
		饒州渤海古欲等反，自稱大王，以蕭謝佛留等討之。〔三一〕	
五國部長來貢。			
			烏古部叛，遣中丞耶律撻不也等招之。
			烏古部降。
			東面行軍副統馬哥、余覩等攻曷蘇館，

	保大二年	三年
	金師取西京，沙漠以南部族皆降之，帝遁訛莎烈。	
		軍將耶律敵烈等劫梁王雅里奔西北部。
	烏古部節度使耶律棠古破敵烈部叛，命皮室，加太子太保。	
	都統馬哥討叛命敵烈部，克之。	耶律大石自金朝亡歸。復渡河東還，居突呂不部。〔三二〕
敗績。		
	聞金主撫定南京，遂由掃里關出，居四部族詳穩之家。	

四年

上北遁，謨葛失來迎，率部人防衛。時侍從乏糧數日，以衣易羊。至烏古敵烈部，封謨葛失爲神于越。

上納突呂不部人訛哥之妻諳葛，以訛葛爲本部節度使。

天祚播越，耶律大石立燕晉國王淳；〔三〕淳死，與蕭妃奔天德軍。上誅妃，責大石。大石率衆西去，自立爲帝。所歷諸部，附見于後：

大黄室韋部	白達旦部〔三四〕	敵烈部〔三五〕	王紀剌部	茶赤剌部	也喜部	鼻骨德
尼剌部	達剌乖部	達密里部	密兒紀部	合主部	烏古里部	阻卜部〔三六〕
普速完部	唐古部	忽母思部	奚的部	紀而畢部〔三七〕	乃蠻部	畏吾兒
回回大食部〔三九〕	尋思干地	起而漫地〔四〇〕				城〔三八〕

〔一〕按本史卷一太祖紀：在太祖元年二月。

〔二〕按本史卷一太祖紀：「太祖五年秋七月壬午朔，斜離底及諸蕃使來貢」。又：「太祖九年春正月，烏古部叛，討平之。」

〔三〕按本史卷三三營衛志下：圖盧作圖魯，奥畏作乙室奥隈。

〔四〕按本史卷二太祖紀天贊三年七月：「曷剌等擊素昆那山東部族，破之。」

〔五〕按本史卷二太祖紀天顯元年二月：奚部長勃魯恩、王郁從征回鶻、新羅、吐蕃、党項、室韋、沙陀、烏古等有功。

〔六〕按本史卷三太宗紀：在會同三年二月。

〔七〕按于厥里即烏古，重出。或擬爲同族不同部分，于厥爲居於貝爾池以西之烏古，烏古則屬居於貝爾池以東之于厥。下文五年七月同此。

〔八〕按本史卷四太宗紀會同六年六月，作奚鋤骨里部進白麝。

〔九〕按本史卷四太宗紀，在會同七年六月。

〔一〇〕按本史卷四太宗紀，在會同九年二月。

〔一一〕按本史卷六穆宗紀，在應曆六年十一月。

〔一二〕本欄（應曆十五年）正月至六月所叙事均應下移一格（一月）。

〔一三〕按本史卷七穆宗紀應曆十五年三月，寅底吉作寅尼吉。

〔一四〕按本史卷七穆宗紀應曆十五年七月，常恩作常思。

〔一五〕按本史卷一一聖宗紀，統和四年六月：「以夷離畢姪里古部送輜重行宮。」姪里古，人名，非部族。又八月：「置先離闥覽官六員，領于骨里、女直、迪烈于等諸部人之隸宮籍者。」

〔一六〕按本史卷一二聖宗紀，應在統和六年閏五月。

〔一七〕按本史卷一四聖宗紀統和二十一年四月，奧里作奧里米。

〔一八〕按本史卷一六聖宗紀開泰七年，在七月。

〔一九〕按本史卷一六聖宗紀開泰八年九月，阿不葛作阿不割。

〔二〇〕按本史卷一七聖宗紀太平七年，在正月。

〔二一〕按本史卷一八興宗紀重熙六年八月：「北樞密院言越棘部民苦其酋帥坤長不法，多流亡；詔罷越棘等五國酋帥。」越棘，即五國部之越里吉。又八年正月：「振品部。」

〔二二〕本史卷一九興宗紀重熙十年十二月作：「置撻朮不姑酋長。」

〔二三〕斡朵，本史卷一九興宗紀重熙十二年五月作斡魯。

〔二四〕婆離，本史卷二〇興宗紀本年亦作婆離。下文大安十年、壽隆元年、二年表、紀並作頗里。

〔二五〕按高麗應入屬國，遼史部族表、屬國表中屬部、屬國互舛者甚多，不一一備注。

〔二六〕本史卷二〇興宗紀重熙二十二年：「閏（七）月，烏古來貢。」

〔二七〕本史卷二五道宗紀大安八年四月：「惕德酋長胡里只來附。」惕德即鐵不得，亦作吐蕃，今西藏。

〔二八〕按本史卷二五道宗紀大安十年，在四月。

〔二九〕按本史卷二六道宗紀壽隆二年九月：「徙烏古敵烈部于烏納水。」

〔三〇〕「西北諸部」四字原缺，據本史卷九五耶律陳家奴傳補。

〔三一〕按本史卷二八天祚帝紀：「以蕭謝佛留等討之。」在本年三月。

〔三二〕按大石自金朝亡歸，不涉部族事，原不應入部族表。又按本史卷二九天祚帝紀：「保大三年十月，復渡河東還，居突呂不部。」係接前五月辛酉渡河而言，指天祚。故應在復渡之上加「上」字，并移置下欄。

〔三三〕燕晉國王，本史卷三〇天祚帝紀作秦晉國王，是。此處因叙大石西去所歷諸部，故突出大石，大石爲燕王朝中重要人物，自無疑義，但大石非唯一擁立燕王淳之人。參見本史卷三〇天祚帝紀：

「保大二年，天祚入夾山，奚王回離保、林牙耶律大石等引唐靈武故事，議欲立淳。淳不從，官屬勸進」。

〔三四〕白達旦，本史卷三〇天祚帝紀作白達達，指汪古部。

〔三五〕敵烈，本史卷三〇天祚帝紀作敵剌。

〔三六〕鼻骨德，本史卷三〇天祚帝紀作鼻古德。

〔三七〕紀而畢，本史卷三〇天祚帝紀作糺而畢。

〔三八〕畏吾兒城，應指西州回鶻之西州。

大石西行，先至白達達部，忽羅珊大戰勝利後，駐尋思干即撒馬爾干。繼而行軍至起而漫，百官擁立稱帝。轉而東歸，建都虎思斡爾朵。

〔三九〕讀西遼史書所見：「回回大食何指，史無明文，據多桑蒙古史，大食一名，蒙古、突厥人用以稱伊斯蘭教徒。阿梯爾書言，一一二八年葛兒汗行抵喀什噶爾諸國。喀什噶爾當日爲回教勢力，所謂大食，似即指此。」（見岑仲勉中外史地考證一書，四五八頁）大石西征時，黑汗王朝已改奉伊斯蘭教。不僅喀什噶爾當時爲回教勢力，即八剌撒渾和黑汗王朝所統其他各地亦屬回教勢力。此回回大食部似指當時黑汗國及葱嶺以西諸國言。

〔四〇〕尋思干、起而漫，參見本史卷三〇天祚帝紀。

遼史補注卷七十

表第八

屬國表

周有天下，不期而會者八百餘國。遼居松漠，最爲强盛。天命有歸，建國改元。號令法度，皆遵漢制。命將出師，臣服諸國。人民皆入版籍，貢賦悉輸内帑。東西朔南，何啻萬里。視古起百里國而致太平之業者，亦幾矣。故有遼之盛不可不著。作屬國表。〔一〕

紀年	正月	二月	三月	四月	五月	六月	七月	八月	九月	十月	十一月	十二月
太祖 元年〔二〕												和州回鶻來貢。
神册元	御正殿，											

年	1	2	3	4	5	6	7	8	9	10	11	12
年〔三〕	受百僚暨諸國人使朝賀。											
三年		渤海、高麗、回鶻、阻卜、党項各遣使來貢。	高麗〔四〕及西北諸蕃皆遣使來貢。回鶻獻珊瑚樹。									
四年										師次烏骨里國，分路擊之，舉國歸附。		

五年	天贊二年	三年	四年
			大元帥堯骨畧地党項。
			攻小番，下之。回鶻烏母主可汗遣使貢謝。
	波斯國來貢。	西討吐渾、党項、阻卜。	
征党項。			
		大食國來貢。回鶻怕里遣使來貢。〔五〕攻阻卜。	
		遣兵踰流沙，拔浮圖城，盡取西鄙諸部。	日本國來貢。
		獲甘州回鶻烏母主可汗。〔六〕	新羅國來貢。〔七〕

天顯元年	二年　太宗不改元
回鶻、新羅、吐蕃、党項、沙陀從征有功，賞之。〔八〕濊貊、鐵驪、靺鞨來貢。改渤海國爲東丹國，忽汗城爲天福城。	
	女直國遣使來貢。

三年〔九〕	六年〔一〇〕	七年〔一一〕	八年
	西南邊將以慕化轄戛斯國人來。		皇太弟李胡率兵伐党項。
達盧古來貢。			吐渾、阻卜來貢。
		女直來貢。	党項來貢。
			阻卜來貢。阿薩蘭回鶻來貢。
			鐵驪來貢。阻卜來貢。术不姑來貢。
突厥來貢。			
	鐵驪來貢。		阻卜來貢〔一二〕。术不姑來貢。
		阻卜貢海東青鶻。	

九年	十年	十一年〔一四〕	十二年〔一五〕
党項貢、。駝鹿〔一三〕			
女直來貢。	党項來貢。	女直國遣使來貢。	
	吐谷渾酋長率衆內附。		
	吐渾來貢。	吐谷渾來貢。	
		吐渾來貢。	
			女直國遣使來貢。回鶻來貢。
			鐵驪來貢。

會同元年	二年	三年
鐵驪來貢。		女直來朝貢。
女直國遣使來貢。	女直國來貢。	
女直國遣使進弓矢。西南邊大詳穩耶律魯不古奏党項之捷。		
吐谷渾來貢。〔一六〕		
	吐谷渾來貢。	
吐谷渾、烏孫、靺鞨各來貢。〔一七〕		阻卜來貢。阻卜及賃烈國
	阻卜來貢。	女直國來貢。
	鐵驪、燉煌並遣使來貢。	

	四年	五年
	鐵驪來貢。	
	鲁不古伐党項，回獻俘。	鐵驪來貢。
		素撒國人來貢。阻卜貢方物。〔一九〕
		阻卜來貢。
來貢。阻卜來貢。〔一八〕		
		党項逆命，伐之。
	吐谷渾降。阻卜來貢。女直國遣使來貢。	

六年	七年	八年	九年
			回鶻、女直來貢。
			吐渾進生口。
			吐渾、白可久來附。
	賃烈、要里等國來貢。[二〇]		女直來貢。
鐵驪來貢。		回鶻來貢。吐谷渾來貢。紇没里、要里等國貢方物。[二一]	
	回鶻遣使請婚，不許。		
鐵驪來貢。		鐵驪來貢。	

穆宗應曆元年												鐵驪來貢。
二年	女直來貢。〔二二〕		鐵驪貢鷹鶻。〔二三〕							回鶻及轄戛斯國來貢。		
三年〔二四〕			鐵驪來貢。					吐蕃、吐谷渾來貢。				
十二年								女直國貢鼻上有毛小兒。				

十三年	景宗保寧三年	五年[二五]	八年
		伐党項，破之，上俘獲之數。	
	漢遣使來告。		
斡朗改國進花鹿生麛，視之。		女直國侵邊。阿薩蘭回鶻來貢。	
	回鶻遣使來貢。		
	漢以宋人來攻，遣使來告。		
			女直國侵貴德州。
	吐谷渾來貢。		
			轄戛斯國遣使來貢。

九年	十年	乾亨元年〔二六〕	四年
女直國遣使來貢。			
	阿薩蘭回鶻遣使來貢。		
		女直國宰相遣使來貢。	
	女直國遣使來貢。		
女直國二十一人來請宰相、夷離堇之職，以次授之。			
回鶻遣使來貢。			
耶律沙以党項降酋可醜、買友來，賜詔撫諭。女直國遣使來貢。			
吐谷渾叛入太原四百餘户，索而還之。			
			討阻卜。

聖宗統和元年〔二七〕	二年〔二八〕
党項十五部寇邊，西南面招討使韓德威破之。破阻卜。韓德威討党項諸部。	
韓德威破党項，上俘獲之數。	
	女直宰相海里等八族內附。
	速撒等討阻卜，殺其酋長撻剌干。〔二九〕

三年〔三〇〕	四年〔三一〕	六年	七年
			回鶻、于闐、師子等國來貢。党項遣
			阿思懶、于闐、轄烈三國來貢。吐蕃來
		閏月，阿薩蘭回鶻來貢。	
		党項太保阿剌恍來朝。	
		瀕海女直宰相速魯里來朝〔三三〕	
女直國宰相朮里補來朝。			
	阻卜遣使來貢。〔三二〕		
	党項來貢。		于闐遣張文寶進內丹書。

	八年〔三五〕	九年	十年〔三六〕	十一年
		女直國遣使來貢。		回鶻來貢。〔三七〕
使來貢。	于闐、回鶻各遣使來貢。女直國遣使來貢。		兀惹來貢。	
貢。〔三四〕			鐵驪來貢。	
	女直國遣使來貢。	回鶻來貢。		
	女直國宰相阿海來朝。			
	阿薩蘭回鶻、于越、達剌干遣使來貢。女直遣使來貢。	突厥來貢。		
			鐵驪來貢。	
		女直國進喚鹿人。		
	北女直國四部請內附。			
	阻卜遣使來貢。	阿薩蘭回鶻來貢。	鐵驪來貢。	
			回鶻來貢。	
	女直遣使來貢。回鶻來貢。			

十二年	十三年	十四年〔四〇〕
回鶻來貢。高麗來貢。	女直國遣使來貢。〔三八〕	回鶻遣使來貢。女直國
高麗遣使請所俘生口，詔贖還之。	夏國遣使來貢。	韓德威奏討党項之捷。
	高麗進鷹。	
回鶻遣使來貢。		鐵驪來貢。回鶻來
女直國遣使來貢。	女直國遣使來貢。	回鶻來貢。
党項、吐谷渾來貢。阻卜來貢。		
	回鶻來貢。兀惹歸欵。鼻骨來貢。〔三九〕	
鐵驪來貢。	阿薩蘭回鶻遣使來貢。高麗遣童子十人來學本國語。	阿薩蘭回鶻遣使爲子
女直國以宋人由海道賂本國及說兀惹叛，遣使來告。	鐵驪遣使來貢鷹、馬。	

	十五年
	河西党項叛，詔韓德威討之。兀若酋長武周來降。女直國遣使來貢。
遣使來貢。	韓德威奏破党項之捷。
	党項來貢。河西党項乞內附。兀惹烏昭慶乞歲時免進貢鷹、馬、貂皮，以其地遠，詔生辰、正旦外，並免。
貢。	鐵驪來貢。
	党項酋長來貢。禁吐渾別部鬻馬於宋。
	蕭撻凜奏討阻卜之捷。
求婚，不許。	

十六年	十七年	十八年
夏國遣使來貢。		
女直國遣使來貢。		
鐵驪來貢。		
	兀惹烏昭慶來降，釋之。〔四一〕	阻卜叛酋鶻碾之弟鐵剌不率部民來附，鶻碾無所歸，繼降詔誅之。
		回鶻來貢。

十九年	二十年	二十一年
回鶻進梵僧名醫。	女直國宰相夷離底來貢。	
	女直國大王阿改遣其子出燭你、耶剌改、塞剌來朝。	
西南面招討司奏討党項之捷。		鐵驪來貢。
	鐵驪遣使來貢。	女直國來貢。兀惹、渤海、奧里
	高麗遣使來進本國地里圖。	党項來貢。阻卜酋長鐵剌
		阻卜鐵剌里來朝。〔四三〕
達盧骨部來貢。		
西南面招討司奏討吐谷渾之捷。		
鼻骨德來貢。〔四二〕		

	二十二年	二十三年〔四六〕
	女直國遣使來貢。	
		振党項部。回鶻來貢。
米、越里篤、越里吉五部來貢。		女直國及阿薩蘭回鶻各遣使
里率諸部來降。		阻卜酋鐵刺里遣使賀與宋和。
		党項來貢。烏古來貢。〔四七〕
	党項來貢。阻卜酋鐵刺里來朝。鐵刺里求婚，許之。〔四四〕	
	南京女直國遣使獻所獲烏昭慶妻子。〔四五〕	

	二十四年
來貢。鐵驪來貢。党項來寇。	
	沙州燉煌王曹壽遣使進大食馬及美玉，以對衣、銀器等物賜之。〔四八〕
女直國遣使來貢。阿薩蘭回鶻遣使來，因請先留使者，皆遣之。	

二十五年									西北路招討使蕭圖玉討叛命阻卜，破之。			
二十六年					高麗進文化、武功兩殿龍鬚草地席。							蕭圖玉馳奏討甘州回鶻，降其王耶剌里，撫慰而還。
二十八年〔四九〕					西北路招討使蕭圖玉奏伐甘							

二十九年	
	州回鶻，破其屬郡肅州，盡俘其生口。詔修土隗口故城以實之。
詔西北路招討使、駙馬都尉蕭圖玉安撫西鄙，置阻卜等部。〔五〇〕	

開泰元年	二年	三年[五二]
女直國太保蒲撚等來朝。		阻卜酋長烏八朝貢，封烏八爲王。
		沙州回鶻曹順遣使來貢，回賜衣幣。
	化哥等破阻卜酋長烏八之衆。	
鐵驪那沙等送兀惹百餘户至賓州，賜絲絹以賞之。		

	四年〔五二〕	五年〔五四〕
女直國及鐵驪各遣使來貢。		耶律世良與蕭善寧東討高麗，〔五五〕破之。
	于闐國來貢。	阻卜酋長來朝。
	耶律世良等破阻卜，俘獲之數。女直國遣使來貢〔五三〕。	叛命党項酋長魁可來降。

八年〔五六〕	鐵驪來貢。						詔阻卜依舊歲貢馬、駝、貂鼠、青鼠皮等物。					
九年							遣使賜沙州回鶻燉煌郡王曹順衣物。		沙州回鶻燉煌郡王曹順遣使來貢。	大食國王遣使爲其子册哥請婚，進象及方物。		
太平元年〔五七〕			大食國王復遣使請婚，以王子				阻卜扎剌部來貢。			党項酋長曷魯來貢。		

	二年	六年
		詔党項別部塌西設契丹節度使治之。
班郎君胡思里女可老封公主，降之。		阻卜入寇，西北路招討使蕭惠破之。
	鐵驪遣使進兀惹人一十六户。	遣西北路招討使蕭惠將兵伐甘州回鶻。
		蕭惠攻甘州不克，師還。自是，西阻卜諸部皆叛。我軍與

戰，敗績，涅里姑、曷不呂皆歿於陣，遺惕隱耶律洪古等將兵討之。

七年	詔蕭惠再討阻卜。
八年〔五八〕	党項寇邊，破之。

興宗重熙二年	六年	七年	九年
女直國詳穩臺押率所部來貢。			
		高麗遣使來貢。	
		夏國遣使來貢。	
		阻卜酋長屯禿古斯來朝。	
	阻卜酋長來貢。		女直國人侵邊，發黃龍府路鐵驪軍拒之。

十年	十一年	十二年
		高麗國以加上尊號，遣使來賀。
		夏國遣使進馬、駝。
		阻卜大王屯秃古斯弟太尉撒葛里來朝。回鶻
		阻卜來貢。
夏國遣使獻所俘宋將及生口。		
		夏人侵掠党項，遣延昌宮使高家奴問之。
回鶻遣使來貢。		
	以吐渾及党項多鬻馬于夏國，詔沿邊築障塞以防之。	

	十三年	十四年[六二]
	高麗遣使來貢。[五九]	
	南院大王耶律高十奏党項等部叛附夏國。	高麗遣使來貢。
	羅漢奴奏所發部兵與党項戰不利。[六〇]	
遣使來貢。	阻卜酋長烏八遣其子執元昊求援使者窊邑改來，且乞以兵助戰，從之。	阻卜大王屯禿古斯率
	夏國遣使來朝。	
	夏國復遣使來詢。	
	獲叛命党項偵人，射鬼箭。元昊親執党項三部酋長來降。[六一]	
		阿薩蘭回鶻遣使來貢。

						諸酋長來朝。夏國遣使來朝。						
十五年			高麗遣使來貢。									
十六年〔六三〕						阻卜大王屯禿古斯來朝，進方物。				鐵驪仙門來朝，以前此未嘗入貢，仍加右監門衛大將軍。		女直國遣使來貢。阿薩蘭回鶻王以公主生子，遣使來告。
十七年〔六四〕			鐵不得國遣使	高麗遣使來貢。		阻卜進馬、駝二						

	十八年〔六五〕	十九年〔六六〕	二十年
			吐蕃遣使來貢。〔六七〕
來，乞以本部軍助攻夏國，不許。	高昌國遣使來貢。		
		高麗遣使來貢。	
		遠夷拔思母部遣使來貢。	
	阻卜來貢馬、駝、珍玩。	高麗遣使來賀伐夏之捷。	
萬。		阻卜酋長豁得剌弟斡得來朝，加太尉遣之。	
		阻卜酋長喘只葛拔里斯來朝。	
		阻卜酋長豁得剌遣使來貢。	

二十一年											阿薩蘭回鶻遣使貢名馬、文豹。	
二十二年〔六八〕		阿薩蘭回鶻爲鄰國所侵，遣使求援。				高麗遣使來貢。	阻卜大王屯禿古斯率諸部長進馬、駝。					
二十三年	夏國遣使貢方物。			高麗遣使來貢。	夏國遣使來貢。	吐蕃遣使來貢。					阻卜酋長來貢。	
道宗清寧二年〔六九〕						阻卜酋長來朝及貢方物。						

咸雍二年〔七〇〕						回鶻來貢。阻卜酋長來貢。						
四年				阿薩蘭回鶻遣使來貢。								夏國遣使來貢。
五年			阻卜酋長叛，以南京留守晉王仁先爲西北路招討使，領禁軍討之。〔七一〕			吐蕃遣使來貢。			晉王仁先遣人奏阻卜之捷。			

六年	七年	八年
阻卜酋長來朝，且貢方物。	女直國進馬。	
西北路招討司以所降阻卜酋來。		
	吐蕃來貢。	振易州貧民。〔七三〕高麗遣使來貢。
阻卜酋長來朝。〔七二〕		
西北路招討司擒阻卜酋長來獻，以所降阻卜酋長圖木同刮來。		回鶻來貢。
	高麗遣使來貢。	
	回鶻來貢。	

九年										回鶻來貢。		高麗、夏國並遣使來貢。
十年		阻卜諸酋長來貢。									高麗遣使來貢。	
大康元年						吐蕃來貢。						
三年						回鶻來貢。						
四年				高麗遣使乞賜鴨渌江以東地，不許。		阻卜酋長來貢。阻卜諸酋長進良馬。					回鶻遣使來貢。	

五年〔七四〕	六年〔七五〕	七年	八年	九年
		女直國貢良馬。	鐵驪酋長貢方物。	
阻卜酋長來貢。	女直國遣使來貢。	阻卜余古赧來貢。〔七六〕	阻卜酋長來貢。	阻卜酋長來貢。〔七七〕
		高麗遣使來貢。		

十年	大安二年	三年	四年	五年〔七八〕
				高麗遣使來貢。
	女直國來貢良馬。	女直國來貢良馬。高麗遣使來貢。	免高麗歲貢。	
女直國貢良馬及犬。				
阻卜諸酋長來貢。				回鶻遣使貢良馬。
	阻卜諸酋長來朝。			
	高麗遣使謝封册。			

六年			女直國遣使貢良馬。								高麗遣使來貢。	
七年						回鶻遣使貢方物。	回鶻遣使來貢異物，不納，厚賜遣之。		日本國遣鄭元等二十八人來貢。			
八年	阻卜諸酋長來降。			阻卜酋長來貢。					日本國遣使來貢。	阻卜酋長磨古斯殺金吾秃古斯以叛，遣奚六部秃里耶律郭		

	九年〔七九〕
	磨古斯入寇。〔八〇〕
	西北路招討使耶律阿魯掃古追磨古斯還，都監蕭張九遇賊衆，與戰不利，二室韋、拽剌、北王府、特滿
三發諸蕃部兵討之。	有司奏磨古斯詣西北路招討使，耶律撻不也遇害，〔八一〕附近阻卜酋長烏古扎叛去。達里底及拔思母

	十年
	烏古扎等來降。達里底、拔思母二部入寇。
羣牧、宮分等軍多陷于賊。〔八一〕	西南面招討司奏拔思母之捷。達里底入寇。
	山北路副部署蕭阿魯帶奏達里底之捷。
	閏月，達里底、拔思母二部來降。
	阻卜來寇倒塌嶺，西路羣牧及渾河北牧馬皆爲所掠。東北路統軍使耶律石
並寇倒塌嶺路。阻卜酋轄底侵掠西路羣牧。	西北路統軍司獲阻卜酋拍撒葛、蒲魯等來獻。
	惕德酋銅刮、阻卜酋的烈等來降。及拔思母等來寇，山北副部署
	西北路統軍司奏討磨古斯之捷。

	壽隆元年	二年
	西南面招討司奏拔思母入寇，擊敗之。蕭阿魯帶等討拔思母，破之。〔八三〕	西南面招討司討拔思母，破之。
	高麗遣使來貢。	
	女直國遣使來貢。	
	阻卜酋長禿里底及圖木葛來朝貢。	
柳以兵追及，盡獲所掠。	阻卜酋長猛達斯來貢。	阻卜來貢。
		高麗來貢。
阿魯帶擊敗之。	女直國遣使進馬。	

三年	五年
	詔夏國王李乾順伐拔思母部。
阻卜酋長猛撒葛及粘八葛酋長禿骨撒、梅里急酋長忽魯八等請復舊地，以貢方物。〔八四〕	
斡特剌討阻卜，破之。	
	阻卜來貢。
斡特剌遣人奏梅里急之捷。	
西北路統軍司奏梅里急之捷。〔八五〕	

六年	七年	天祚乾統二年	三年	四年
			女直國梟蕭海里首，遣使來獻。	
阻卜酋長來貢。				吐蕃遣使來貢。
	阻卜、鐵驪酋長來貢。	阻卜入寇，斡特剌等戰敗之。		
			吐蕃遣使來貢。	
女直國遣使來貢。	鐵驪來貢。			

六年							阻卜來貢。					
八年						西北路招討使蕭敵里率諸蕃酋長來朝。					高麗遣使來謝。	
九年			夏國以宋不歸地，遣使來告。									高麗遣使來貢。
十年						阻卜來貢。						

天慶二年	三年	四年
		女直國遣使索叛人阿疎，不發。〔八六〕
和州回鶻來貢。阻卜酋長來貢。	斡朗改國遣使來獻良犬。	
		女直國復遣使來取阿疎，不發，即遣侍御阿息保往問境上建
		阿息保還，言女直國主之意，若還阿疎，朝貢如舊；不然，城未能
		女直國下寧江州。
	回鶻遣使來貢。高麗遣使來謝。	鐵驪、兀惹叛歸女直。

	五年
	遣僧家奴持書約和，斥女直國主名。女直國主遣塞剌復書，若歸叛人阿踈，遷黃龍府於別地，
	遣耶律張家奴、蒲蘇、阿息保、聶葛、紇石保、得里底等齎書使女直國，斥其名，冀以速降。
	張家奴等以女直國主書來，復遣張家奴以往。
	張家奴等還，女直國主復書，亦指其名，諭之使降。遣蕭辭剌使女直國，以書辭不屈，見留。
城堡之故。	都統斡里朵等及女直軍戰于白馬濼，敗績。
已。女直國遣師來攻。	
	女直軍下黃龍府。女直國主遣塞剌以書來報，若歸我叛人阿踈，即當班師。

	六年
然後圖之。	
	女直軍攻下潘州。族人痕孛、鐸剌、吳十、撻不也、道剌、酬斡、平甲、盧僕古、闢離剌、韓七、吳十、那也、温、曷魯十三人皆歸女直

七年

女直軍攻春州，女古、皮室四部及渤海人皆降。復下泰州。

直國。〔八七〕

都元帥秦晉國王淳遇女直軍，戰于蒺藜山，敗績。女直軍復攻拔顯州。是歲，女直國主即皇帝位，建元天輔，國

八年

遣耶律奴哥等使金國，復議和好。保安軍節度使張崇以雙州民二百户歸金國。

耶律奴哥還，金主復書，大畧言，如以兄事朕，歲貢方物，歸上、中京、興中府三路州縣，以親王、公主、駙馬、大臣子孫爲質，及還我

復遣奴哥使金國。

奴哥以書來，約不踰此月見報。復遣奴哥使金國，要以酌中之議。金主遣胡突衮與奴哥持書來，大畧如前所約。

遣奴哥齎三國書詔、表牒，復使金國。〔八八〕通、祺、雙、遼四州之民八百餘户歸附金朝。

金朝復遣胡突衮以書來，免所取質，及上京、興中府所屬州郡，裁減歲幣之數；如能以兄事朕，册用漢儀，可以如約。

奴哥、突迭復使金朝，議册禮。

突迭見留，奴哥還。金主復書謂，如不能從，勿復遣使。遣奴哥復使金朝。蕭寶、訛里野、特末、霍石、韓慶和、王伯龍等各率

奴哥、突迭持金主書來。龍化州張應古、劉仲良、渤海二哥等率衆歸附金朝。

號金。

以議定册禮，遣奴哥使于金。寧昌軍節度使劉宏以懿州民户三千歸金。〔九〇〕

	九年
	金遣烏林答贊謨持書來迎册禮。
行人與元給信牌，并宋、夏、高麗往復書詔、表牒，可以如約。	
	遣知右夷離畢事蕭習泥烈、大理寺提點[九一]楊勉等册金主爲
	阻卜補疎只等反。
	金復遣烏林答贊謨持書來，責册文無兄事之語，不言「大金」，
衆歸于金。[八九]	復遣蕭習泥烈、楊近忠先持册藁使于金。
	遣使送贊謨以還。[九二]

	十年
	金復遣贊謨以書并撰到册文副本以來，仍責
東懷國皇帝。	以金朝所定册草内「大聖」二字與先世稱號相
	金主親師攻上京，已攻外郛，〔九三〕留守撻不也出
而云「東懷」，及乖體式。如依前書所定，然後可從。楊詢卿、羅子韋率衆歸金。	

	保大元年	二年
		金師克中京，進下澤州。
乞兵于高麗。		金師敗奚王霞末于北安州，遂降其城。
同，復遣習泥烈持書議之。		聞金師將出嶺西，遂趨白水濼。羣牧使謨魯斡
		金師取西京。
降。	南京統軍耶律余覩率將吏户歸于金。	
		夏國遣兵來援，爲金師所敗。
		親遇金師，戰于石輦驛，敗績。夏國遣曹介來
		奉聖州降金。
		蔚州降金。
		金師屯奉聖，上遁於落昆髓。
		金主撫定南京。

	三年
	遼興軍、宜、錦、乾、顯、成、川、豪、懿等州降金。
	興中府降金。歸德軍及隰、遷、潤三州欵附金。〔九五〕
歸金。聞金師將及，輕騎以遁。殿前點檢耶律高八率衛士歸金。	
	金師至居庸關，耶律大石被擒。金師圍輜重於青塚硬
	回金帥書，乞爲弟若子，量賜土地。夏國王李乾順
	册李乾順爲夏國皇帝。
問起居。〔九四〕	

寨。〔九六〕金遣人以書來招，回書請和。金帥以兵送族屬東行，乃遣兵邀戰于白水濼，爲金帥所敗。金帥以書來招，以書答

請臨其國。

	四年	五年
	金師來攻，上棄營北遁。特母哥歸金。	党項小斛祿遣人請臨其地。上過沙漠，金師忽至，徒步出走。
		上至應州新城，爲金帥完顏婁室等所獲。
之，金帥復書，不許請和。		
	蕭撻不也、察剌歸金。	
	建州降金。	
	興中府降金。	

〔一〕大遼雄視四邊，一時最稱强盛。其中屬於服附貢獻者，例有回賜；亦有聘問往來，意在交易，仍襲貢獻之名。修史時並以屬國概之。實際應有區别，如波斯、大食、日本等無政治隸屬。即同是屬國、屬部，亦有等差不同，讀者自知也。

〔二〕按本史卷一太祖紀太祖七年十月：「和州回鶻來貢。」

〔三〕按本史卷一太祖紀神册元年七月：「親征突厥、吐渾、党項、小蕃、沙陀諸部。」

〔四〕高麗太祖王建始即位於本年六月。始號國高麗，此時仍是泰封。

〔五〕怕里，本史卷二太祖紀天贊三年九月作霸里。或是别什把里之回鶻。

〔六〕按本史卷二太祖紀天贊三年十一月作：「獲甘州回鶻都督畢離遏，因遣使諭其主烏母主可汗。」

〔七〕新羅在高麗之南，遠道入貢。按本史卷二太祖紀，本年十月高麗國來貢（表未載）。新羅或與高麗同來，或爲高麗之訛。

〔八〕按本史卷二太祖紀天顯元年二月作：「以奚部長勃魯恩、王郁自回鶻、新羅、吐蕃、党項、室韋、沙陀、烏古等從征有功，優加賞賚。」非回鶻等部從征有功。此次是西征，新羅二字衍文。

〔九〕按本史卷三太宗紀天顯三年正月：「黄龍府羅涅河女直、達盧古來貢。」四年十二月：「女直來貢」。

〔一〇〕按本史卷三太宗紀天顯六年七月：「女直來貢。」

〔一一〕按本史卷三太宗紀天顯七年九月：「阻卜來貢。」

〔一二〕按本史卷三太宗紀：本年七月，鐵驪、女直、阻卜來貢，未著朮不姑。十月，阻卜來貢、烏古吐魯没來貢，亦未著朮不姑。

〔一三〕按本史卷三太宗紀天顯九年：「閏（正）月，女直來貢。」「五月，女直來貢」。

〔一四〕按本史卷三太宗紀天顯十一年四月：「女直諸部來貢，賜回鶻使衣有差。」

〔一五〕按本史卷三太宗紀天顯十二年：「九月，朮不姑來貢，遣使高麗、鐵驪。十月，皇太后永寧節，回鶻、燉煌諸國皆遣使來賀。」

〔一六〕按本史卷四太宗紀會同元年六月作「吐谷渾及女直來貢。」

〔一七〕按本史卷四太宗紀會同元年八月，尚有女直來貢。

〔一八〕按本月三次阻卜來貢，未著不同部分，史文重複。又按本史卷四太宗紀會同三年九月：「邊將奏破吐谷渾。女直遣使來貢。」

〔一九〕按本史卷四太宗紀會同五年六月作：「徒覩古、素撒來貢。」無阻卜貢方物。又八月：「女直、阻卜、烏古各貢方物。」

〔二〇〕按本史卷四太宗紀會同七年作：「六月紇没里、要里等國來貢。」

〔二一〕按本史卷四太宗紀，紇没里、要里等國來貢，在去年（會同七年）六月。

〔二二〕按本史卷六穆宗紀在二月，應移下一格。

〔二三〕按本史卷六穆宗紀在四月，應移下一格。

〔二四〕按本史卷六穆宗紀：「應曆三年四月，鐵驪來貢。」「四年正月，回鶻來貢」。

〔二五〕按本史卷八景宗紀保寧五年六月：「女直宰相及夷離堇來朝。」

〔二六〕按本史卷九景宗紀乾亨元年八月：「阻卜惕隱曷魯、夷離堇阿里覩等來朝。」

〔二七〕按本史卷一〇聖宗紀統和元年：「五月，西南路招討請益兵討西突厥諸部。六月，党項酋長乞内附。八月，韓德威表請伐党項之復叛者，詔許之。十月，上將征高麗，親閱兵馬。」

〔二八〕按本史卷一〇聖宗紀統和二年：「二月，耶律蒲寧奏討女直捷。」

〔二九〕按本史卷一〇聖宗紀，在本年十一月。

〔三〇〕按本史卷一〇聖宗紀統和三年：「七月，詔諸道繕甲兵，以備東征高麗。八月，以遼澤沮洳，罷征高麗。閏九月，詔諭東征將帥，乘水涸進討。十一月，東征女直。」

〔三一〕按本史卷一一聖宗紀統和四年正月：「樞密使（耶律）斜軫等克女直還軍。」

〔三二〕按本史卷一一聖宗紀作「党項、阻卜遣使來貢」。

〔三三〕瀕海二字原脱，據本史卷一二聖宗紀統和六年八月補。

〔三四〕按本史卷一二聖宗紀統和七年，本欄所列，均在二月，阿思嬾作阿薩蘭。

〔三五〕按本史卷一三聖宗紀統和八年十一月：「以吐谷渾民饑，振之。」

〔三六〕按本史卷一三聖宗紀統和十年十二月：「以東京留守蕭恒德等伐高麗。」

〔三七〕按本史卷一三聖宗紀統和十一年正月：「高麗王治遣朴良柔奉表請罪。」

〔三八〕按本史卷一三聖宗紀統和十三年二月：「高麗遣李周楨來貢。」

〔三九〕按本史卷一三聖宗紀統和十三年十月：「高麗遣李知白來貢。」又鼻骨即鼻骨德，本月來貢事已見本史卷六九部族表，重出。

〔四〇〕按本史卷一三聖宗紀統和十四年：「三月，高麗王治表乞爲婚，許以東京留守、駙馬蕭恒德女嫁之。高麗復遣童子十人來學本國語。」「十月，（兀惹）烏昭度乞内附。」

〔四一〕按本史卷一四聖宗紀作「兀惹烏昭慶來」，不稱來降。

〔四二〕八月達盧骨部來貢及十一月（應爲閏十一月）鼻骨德來貢，按並已見本史卷六九部族表，重出。

〔四三〕按本史卷一四聖宗紀在八月乙酉。本年七月無乙酉，應移下一格。

〔四四〕按本史卷一四聖宗紀作「鐵刺里求婚，不許」。或是初請未許，繼請許之。

〔四五〕「南京」二字衍。參本史卷三六屬國軍注〔八〕。

〔四六〕按本史卷十四聖宗紀統和二十三年五月：「高麗以與宋和，遣使來賀。」

〔四七〕烏古來貢，已見本史卷六九部族表，重出。

〔四八〕按本史卷一四聖宗紀統和二十四年：在八月。

〔四九〕按本史卷一五聖宗紀統和二十八年：「八月，自將伐高麗。十月，女直進良馬萬匹，乞從征高麗，許之。王詢遣使奉表乞罷師，不許。十一月，遣排押、盆奴等攻開京，遇高麗兵，敗之。」

〔五〇〕按本史卷一五聖宗紀作「置阻卜諸部節度使」，是。此脱「節度使」三字。

〔五一〕按本史卷一五聖宗紀開泰三年：「是夏，詔國舅詳穩蕭敵烈、東京留守耶律團石等討高麗。」

〔五二〕按本史卷一五聖宗紀開泰四年：「正月，東征（高麗）。東京留守善寧、平章涅里衮奏，已總大軍及女直諸部兵分道進討。四月，蕭敵烈等伐高麗還。」

〔五三〕按本史卷一五聖宗紀在四月，本欄應移下一格。

〔五四〕按本史卷一五聖宗紀開泰五年六月：「回鶻獻孔雀。」

〔五五〕蕭善寧，本史卷一五聖宗紀作蕭屈烈。卷一五聖宗紀開泰六年：「二月，詔國舅帳詳穩蕭隗洼將本部兵東征高麗。五月，命樞密使蕭合卓（等）伐高麗。九月蕭合卓等攻高麗興化軍不克，還師。」卷一六聖宗紀開泰七年：「十月，詔以東平郡王蕭排押（等）伐高麗。十二月，蕭排押等與高麗戰于茶、陀二河，遼軍失利。」

〔五六〕按本史卷一六聖宗紀開泰八年：「三月，東平王蕭韓寧等討高麗還，坐失律，數其罪而釋之。八月，遣郎君曷不呂等率諸部兵會大軍討高麗。十二月，高麗王詢遣使乞貢方物，詔納之。」

〔五七〕按本史卷一六聖宗紀太平元年：「四月，女直三十部酋長請各以其子詣闕祗候。」

〔五八〕按本史卷一七聖宗紀太平八年：「九月，阻卜別部長胡懶來降。阻卜長春古來降。」

〔五九〕按本史卷一九興宗紀，本年六月、十二月，高麗亦曾遣使來貢。

〔六〇〕已見本史卷六九部族表，重出。

〔六一〕元昊來降事已見本史卷六九部族表。但部族表謂党項三部，屬國表指元昊言。

〔六二〕按本史卷一九興宗紀重熙十四年正月：「夏國遣使進鶻。」
〔六三〕按本史卷二〇興宗紀重熙十六年十二月：「高麗遣使來貢。」
〔六四〕按本史卷二〇興宗紀重熙十七年二月：夏國王李元昊薨，遣使慰奠。
〔六五〕按本史卷二〇興宗紀重熙十八年：「正月，留夏國賀正使不遣。六月，夏國使來貢，留之不遣。」
〔六六〕按本史卷二〇興宗紀重熙十九年：「二月，夏將洼普等來攻金肅城，破之。三月，蕭迭里得與夏戰于三角川，敗之。五月，夏國洼普來降。十二月，夏國李諒祚遣使上表，乞依舊臣屬。」
〔六七〕按本史卷二〇興宗紀重熙二十年二月：「遣前北院都監蕭友括等使夏國，索党項叛户。」
〔六八〕按本史卷二〇興宗紀重熙二十二年十二月：「詔回鶻部副使以契丹人充。」
〔六九〕按本史卷二一道宗紀清寧二年六月：「高麗遣使來貢。」三年十一月：「高麗遣使來貢。」
〔七〇〕按本史卷二二道宗紀咸雍三年十一月：「夏國遣使進回鶻僧、金佛、梵覺經。」
〔七一〕按本史卷二三道宗紀在正月。
〔七二〕按本史卷二三道宗紀在六月。
〔七三〕「振易州貧民」無涉屬國，五字衍。
〔七四〕按本史卷二四道宗紀大康五年十月：「夏國遣使來貢。」
〔七五〕按本史卷二四道宗紀大康六年十月：「回鶻遣使來貢。」
〔七六〕余古赧爲阻卜酋長名，見本史卷二四道宗紀大康七年六月及大安二年六月。阻卜下原有「與」

字，今删。

〔七七〕按本史卷二四道宗紀，應爲閏六月。

〔七八〕按本史卷二五道宗紀大安五年：「五月，以阻卜磨古斯爲諸部長。六月，夏國遣使來謝封册。」

〔七九〕按本史卷二五道宗紀大安九年：「七月，遣使賜高麗羊。十一月，特抹等奏討阻卜捷。」

〔八〇〕按本史卷二五道宗紀，在二月。

〔八一〕按本史卷二五道宗紀，在三月。

〔八二〕按本史卷二五道宗紀作：「磨古斯詒西北路招討使耶律撻不也僞降，既而乘虚來襲，撻不也死之。」

〔八三〕按本史卷二六道宗紀作：「西南面招討司奏拔思母來侵，蕭阿魯帶等擊破之。」此以入寇、追討分記之。

〔八四〕按本史卷二六道宗紀，在閏二月。

〔八五〕按本史卷二六道宗紀，在十一月。

〔八六〕按本史卷二七天祚帝紀，繫在正月。

〔八七〕按「那也温」如爲一人，則「吴十爲同時同姓名人；如「那也、温」爲二人，則吴十爲一人重出。

〔八八〕奴哥原誤胡突衮。按本史卷二八天祚帝紀天慶八年六月稱「遣奴哥等齎宋、夏、高麗書詔、表牒至金」；又按上下文胡突衮爲金使，奴哥爲遼使，據改。

〔八九〕按本史卷二八天祚帝紀天慶八年閏九月：「遣奴哥復使金，而蕭寶、訛里等十五人各率户降于金。」金史卷二太祖紀天輔二年閏九月：「以降將霍石、韓慶和爲千户。九百奚部蕭寶、乙辛，北部訛里野，漢人王六兒、王伯龍，契丹特末、高從祐等各率衆來降。」本欄「遣奴哥」前當加閏月二字。

〔九〇〕劉宏原誤「劉完」，據本史卷二八天祚帝紀天慶八年十二月及金史卷二太祖紀、卷七五孔敬宗傳改。又金史卷九五劉瑋傳：「祖弘，遼季鎮懿州，王師至，弘以州降」。

〔九一〕按本史卷四七百官志三作提點大理寺。

〔九二〕按本史卷二八天祚帝紀，在十月。

〔九三〕按本史卷二八天祚帝紀作：「金主親攻上京，克外郛。」

〔九四〕曹介，本史卷二九天祚帝紀作曹价，並繫曹价來問起居事於七月。

〔九五〕潤，原誤閏，據本史卷二九天祚帝紀及卷三九地理志三改。

〔九六〕硬寨二字應删。據本史卷二九天祚帝紀保大三年四月：「金兵圍輜重于青塚，硬寨太保特母哥竊梁王雅里以遁。」又卷四五百官志一：硬寨司有硬寨太保，則硬寨與太保相連。又金史卷二太祖紀天輔七年四月亦止云青塚。